아빠 수학공부 하자!

아빠 수학공부 하자!

김진호 지음

이담
Books

자녀를 둔 부모로서 교육학자들 중 일부는 자신들의 교육학적 지식을 실험적으로 자신의 자녀들을 교육하는 데 실천하고 있다. 사실, 이 실천은 어떤 점에서 도전이자 모험이다. 이들 중 일부는 가장 개혁적인 방법으로 실천하고, 일부는 현실 교육과 이론 사이의 절충을 택하기도 한다. 어떤 경우든지, 이들이 추구하는 것은 교육의 본질에 충실하고자 하는 노력이라고 할 수 있다. 예를 들어, 학생들이 학교에서 수학을 배우는 목적은 수학 시험에서 좋은 점수를 받기 위한 것이 아닌데도 높은 점수를 받기 위한 교육이 학교와 가정에서 일반적으로 행해지고 있다. 이런 학습이 바람직하지 못하다는 것은 누구나 알고 있을 것이다. 실제로 학생들이 수학을 배우는 목적은 그들이 수학을 배우는 과정에서 그들의 수학적 사고 능력의 함양에 있다. 미술 교육의 경우 머릿속에 생각으로 자리 잡은 아이디어를 미술재료를 이용해 시각적으로 만들어내는 표현력과 우리 주변의 시각문화를 자신만의 미적 언어로 재구성하는 이해력이 중요하다는 것을 우리 부모들이 알고 있다. 하지만, 우리가 받아온 교육과 선입견으로 인해 실재 사물이나 풍경과 닮은 "잘 그린" 그림이 좋은 미술적 재능이 산물이라 여기기도 한다.

즉, 이 시리즈에서 다루는 내용은 교육학자들이 가장 최근에 연구한 이론을 자녀들과 실제로 실천하면서 얻은 소중한 경험이라는 점에서 가치가 있다. 이런 방법들이 독자들이 가정에서 자녀들을 교육하면서 활용하고 있는 방법과 그 이면에 담긴 원리들과 부합하지 않을 수 있다. 그럼에도 다양한 실험과 논의를 통해서 검증된 학습원리를 바탕으로 자신의 자녀에게 적용한 결과라는 점에서 신뢰할 만한 접근이라고 할 수 있다. 물론, 본 시리즈가 이론을 다루기 위해서 기획된 것이 아니므로 심도 있게 관련 이론을 다루지는 않을지라도 독자들에게 도움이 될 수 있도록 가능한 한 쉽게 그 이론들을 풀어서 제공하려는 노력을 각 집필자들은 기울일 것이다.

이 시리즈에서 제공하는 많은 교육학자들이 자녀와 함께 학습하면서 즐긴 지적 희열을 여러분도 자녀들과 함께 학습하면서 즐기기를 바란다. 어린 시절의 앎의 즐거움이 자녀에게 평생의 앎의 즐거움으로 이어지기를 진심으로 바란다. 이제는 평생학습의 시대가 도래했다. 평생학습의 시대는 이미 다양한 지식을 습득한 것으로부터 자신감을 갖기보다, 자신이 알지 못했던 것에 대해 배울 수 있는 지적 능력이 자신에게 있음을 인식함으로써 진정한 자신감을 높일 수 있다.

본 시리즈를 통해서 독자의 자녀가 이런 자신감을 형성할 수 있기를 진심으로 희망한다.

본 시리즈가 출판되기까지 많은 관련 당사자들에게 감사하는 마음을 표하고자 한다. 먼저, 부모들에게 감사한다. 모든 부모가 자녀의 학습에 관심을 갖겠지만, 자녀와 함께 직접 학습 경험을 공유하고자 노력하는 부모들에게 감사한다. 자녀들에게 감사한다. 학습은 늘 새로운 대상을 이해해야 하는 것인데, 새로운 대상을 이해하는 것은 매우 어렵다. 이 어려운 과정을 경험해야 하는 것이 바로 우리의 자녀이다. 우리가 자녀를 위해서 해야 할 과제는 바로 이들의 잠자는 무한한 창의력을 깨워 주는 데 있다. 마지막으로, 본 시리즈의 출판을 허락해 주신 한국학술정보(주)에 진심으로 감사의 인사를 드린다.

시리즈 에디터 김진호

청출어람청어람 **青出於籃青於籃**

순자 권학편

내가 이 책을 집필하기 시작한 현 시점(2011년 8월)에서 5세 9개월 된 딸(김서형)이 하나 있다. 초등수학교육 전문가로서 나는 '**초등학생은 물론 초등학교 입학 전 아이라 할지라도, 모든 아이들은 (수학적) 지식을 타인의 도움 없이 스스로 구성할 수 있는 지적 능력을 갖춘 인격체이다.**'라는 신념을 갖고 시간이 허락하는 범위 내에서 서형이와 함께 수학 학습을 해 오고 있다. 초등수학교육 전문가인 나의 판단으로, 이때 서형이의 수학적 지능은 초등학교 1학년 2학기 수학 및 2학년 수학 중 일부를 다룰 수 있을 만큼 발달해 있다고 판단된다. 이런 정도의 지적 능력을 보이는 것은 천재 또는 영재는 아닐지언정 수재(?) 정도는 되지 않을까 한다.

나의 판단에 대한 증거를 보이기 위해서, 약 일주일 전 그러니까 서형이가 만 5세 8개월 10일 쯤 되는 시기에 있었던 한 일화를 예를 들어 본다. 나는 서형이에게 "구 더하기 칠은 얼마니?" 하고 물었다. 서형이는 양손의 손가락과 양발의 발가락을 사용해서 계산을 한 후에 "십육"이라고 대답했다. 나는 이어서 서형이에게 "어떻게 답을 구한 것이야?" 하고 물었다. 서형이는 "손가락이 9개 있고, 발가락에서 1개를 가져와서 10개가 되고, 발가락이 6개가 남았지. 10개하고 6개니까 16개지"라고 대답하였다. 서형이가 구체적 상황 없이 수만으로 제시된 덧셈문제에 대하여 반응하였을 뿐만 아니라 이런 접근을 유치원생이 생각해내었다는 사실은 매우 놀라운 것이다. 대부분의 유치원생들은 그들의 지적 능력에 따라서 모두세기(이 경우, 9개의 손가락과 6개의 발가락을 준비한 상태에서 1, 2, 3, …, 15, 16 하고 모든 대상물을 세는 방법) 또는 이어세기(이 경우, 발가락 7개를 다시 확인하고, 손가락으로 와서 8, 9, …, 15, 16 하고 세는 방법)로 이런 상황에서 발생하는 덧셈문제를 해결한다. 그래서 나는 서형이에게 "유치원생이 어떻게 이런 생각을 해 낸 것이지. 우리 서형이 정말 대단하다. 1학년 언니 오빠들도 생각하지 못하는 방법인데."라고 큰 칭찬을 해 주었다. 그러고 나서 나는 서형이에게 "그럼, 칠 더하기 구는 얼마야?" 하고 물었다. 이런 상황에서 대부분의 유치원생들은 앞서서 했던 것은 잊어버리고 또다시 이어세기나 모두세기 등을 이용해서 새롭게 주어진 문제를 해결한다. 그런데, 서형이가 이 새로운 문제를 받자마자 "십육"이라고 대답하는 것이다. 나는 다시 "어떻게 그렇게 빨리 알았어?"라고 되물었다. 서형이는 "아빠, 봐, 아까 구하고 칠하고 해서 '십육'이었잖아. 이번에도 '칠'하고 '구'가 있어. 그러니까 '십육'이지"라고 대답했다. 나는 서형이가 덧셈의 교환법칙을 이해하고 있는지를 알아보기 위해서 "5+2, 2+5", "9+3, 3+9", "10+1, 1+10", "12+2, 2+12"와 같은 작은 수들로 구성된 덧셈쌍들을 서형이에게 제시하였다. 서형이는 제시 받은 문제들에 대해서 모두 앞서와 같은 방식으로 반응하였다. 서형이는 적어도 이처럼 간단한 덧셈쌍들에 대해서는 덧셈의 교환법칙을 이해하고 있었다. 물론, 서형이가 자신이 덧셈의 교환법칙을 이해하고 있음을 자각하고 있는 것도 아니며, 자신이 알고 있는 것에 대해서 교환법칙이라는 이름을 명명할 수 있는 수준은 더더구나 아니다. 또한 큰 수로 구성된 덧셈쌍들에 대해서도 위와 같은 반응을 할 수 있는 것도 아니다. 단지, 서형이는 이 시점에서 덧셈의 교환법칙을 이해하기 시작했음을 보일 뿐이다.

서형이의 이런 능력을 목격한 몇몇 지인들이 자신들도 자녀에게 이런 접근을 시도해 보고 싶다면서, 내가 서형이와 함께 수학 학습을 해 온 과정을 공유해 줄 것을 요청하였다. 이것이 이 책을 집필하게 된 직접적인 계기이다. 본문에서 좀 더 자세히 설명하겠지만, 이런 접근의 기저에는 **'모든 수학 학습은 아이의 현재의 이해상태를 출발점으로 삼는다'**라는 원리를 바탕으로 하기 때문에, 이 접근은 아이마다 달라져야 할 것이라는 점을 독자들은 기억해야 한다. 즉, 자녀의 이해상태를 잘 파악할수록, 부모가 자녀의 수학적 지능의 성장을 더욱 잘 도울 수 있다.

나는 이 책에서 수학 학습 이론, 수학 학습을 위한 교수-학습 관행, 그리고 실제를 종합하려는 노력을 하였다. 나는 초등수학교육 전문가로서 많은 초등학교 선생님들과 함께 초등학생들을 대상으로 한 다양한 실험을 통해서 위에서 말한 원리를 바탕으로 하는 수학 수업이 가능함을 알게 되었고, 이런 연구결과를 바탕으로 서형이와의 수학 학습을 시도하였고, 나름의 좋은 성과를 거두었다. 수학 학습에 대한 종합적인 이해를 하지 못하고 단편적인 이해로 자녀 교육을 시도하는 것은 의도한 결과를 성취할 수 없을 뿐만 아니라 오히려 역효과를 낼 가능성이 농후하다. 따라서 나는 독자들에게 이런 종합적인 것을 이해시키기 위해서, 전문 서적이 아님에도 불구하고 수학교육 관련하여 전문적인 아이디어들을 종종 소개할 것이다. 그러나 가능한 한 일반 독자들을 위해 전문 학술 용어의 사용을 자제하고 가독성을 높이기 위해서 일반어로 풀어쓰고자 노력할 것이다.

그럼에도 본서에 진술되어 있는 유아의 수학 학습을 위한 아이디어들은 신선한 충격으로 독자들에게 다가갈 것이다. 이 책에서 소개하는 아이디어는 많은 사람이 평소에 고민하지 않았던 부분이고, 유아수학교육 전문 서적을 탐독한 독자라 할지라도 이론과 실제를 연결하려는 문헌을 접할 기회가 흔치 않을 것이다.

따라서 신선한 충격이라는 표현은 결국 독자들에게 익숙하지 않은 아이디어라는 것을 의미한다. 이 말은 또한 현재 독자들이 이해하고 있고 자녀들에게 실천하고 있는 방법과 본서에서 제시하는 아이디어가 상충될 수도 있음을 의미한다. 독자들이 이해하고 실천하는 방법과 이 책에 소개되어 있는 아이디어 및 방법들 중 어느 것이 더욱 합리적이며 이성적인 판단이며 자녀의 참된 수학 학습을, 즉 자녀가 수학을 이해해가며 학습할 수 있는 방법인지를 고민해 보기 바란다. 그런 점에서 이 책에 소개되어 있는 아이디어들을 사색하며 정독하고 반독返讀하기 바란다.

본서에서 유아의 수학 학습과 관련해서 제안하고 있는 아이디어와 방법들은 단지 유아만을 위한 것은 아니다. 내가 비록 초등수학교육 전문가이기는 하지만 유아수학교육에 관한 책을 집필할 수 있는 것은 나의 연구 영역이 두 영역을 모두 아우르고 있기 때문이다. 따라서 이 책의 곳곳에서 독자들은 유아수학교육과 초등수학교육의 연계를 찾아볼 수 있을 것이다. 또한 이 책에는 현재 초등수학교육의 실제에서 관찰되는 몇몇의 불편한 진실도 진술하고 있다.

따라서 본서에 진술한 많은 아이디어를 무사고적으로 수용하기보다 독자가 알고 있는 것과 비교하여 본서에 진술되어 있는 아이디어를 실천해야 할지 말아야 할지 독자 스스로 결정하길 바란다.

이것을 학술적으로 지적 자율성(지적 대상에 대해서 옳고 그름에 대한 판단을 자신의 지성에 따라서 내리는 정신작용)이라고 하는데, 자녀가 수학 학습을 하는 과정에서도 이런 접근을 실천할 수 있는 가능성을 본서에 제시되어 있는 나와 서형이의 수학 학습 장면들을 통해서 목격할 수 있을 것이다. 자녀의 지적 자율성이 성장할수록, 부모는 자녀가 점차적으로 자기주도적 학습자가 되어가는 것을 목격할 수 있을 것이다. 지적 자율성과 관련해서 서형이가 요즈음 자주 하는 말을 하나 인용하면서 들어가는 말을 마무리하고자 한다.

"아빠, 말하지 마. 잠깐만, 내가 해 볼게."

2012년 8월 28일
대구교육대학교 상록 동산에서
김 진 호

contents

CHAPTER **01**

유아수학 학습원리 이해하기

CHAPTER

01

유아수학 학습원리
이해하기

1

우리 아이에겐 수학 지적 능력이
있다? 없다?

온고이지신 가이위사의 *溫故而知新 可以爲師矣*
논어 위정편

아이들에게 수학 지적 능력이 있는지 없는지, 즉 '아이들
이 초등학교 입학 전에 다른 사람의 도움 없이 스스로 수학
을 이해할 수 있는 지적 능력을 갖추고 있는가?'라는 질문
에 대해 논의하기 전에, 자녀를 둔 부모로서 이 질문에 대
해 대답을 해 볼 필요가 있다. 여러분의 대답은 자녀의 수
학 학습에 매우 중요한 요소이다.

이 질문에 대한 독자들의 대답은 독자마다 다를 것이다.
독자 자신의 대답을 고민해 본 후, 다음 글을 읽도록 한다.

독자들의 대답은 "할 수 있다"인가? 아니면, "할 수 없다"인가? 그것도 아니면, "생각해 본적이 없다"인가? 독자들의 대답이 매우 중요하다. 왜냐하면, 독자의 대답은 독자의 수학 학습에 대한 관점을 반영하는 것이며, 이는 독자가 자녀와 함께 수학 학습을 할 때 적나라하게 반영될 것이기 때문이다. 자녀는 독자가 자녀와 함께 수학 학습을 하면서 보이는 독자의 학습 태도를 그대로 흡수하여 자녀가 독자와 매우 유사한 수학 학습 태도를 형성하게 된다. 아마도, 독자중 다수는 자신의 학창시절 수학 수업에 대한 경험을 토대로 이 질문에 대해서 다음과 같은 부정적인 태도를 보였을 것이다.

- 선생님이 설명해 주어도 이해하기 쉽지 않은 것이 수학인데, 아이들이 선생님의 설명 없이 수학을 스스로 이해할 수 있다고!!! 믿기 어려운데.
- 수학 학습은 많은 공식을 암기하고 이를 적용하는 것인데, 무엇을 이해한다는 것이지? 나는 이해를 중심으로 한 수학 수업을 받아 본 적이 없는데, 무슨 말을 하는 것이지?
- 수학을 모든 아이들이 잘 학습할 수 있다고!!! 정말! 학습능력이 부족한 아이들도 수학 학습을 잘 할 수 있다는 말인 듯한데 정말 가능한 것일까? 나의 학창시절을 돌이켜 보면, 수학적 능력이 부족한 아이들이 늘 발생했는데, 이런 아이들이

발생하지 않을 수 있다는 것인데, 에이~ 있을 수 없는 말을 하는 것 같아?
- 다른 사람의 도움 없이 수학을 이해할 수 있다고? 그럼 선생님, 아니 부모의 역할은 무엇이지? 부모가 설명해 주지 않는다면, 부모는 도대체 무엇을 해야 한다는 것이지?

수학 학습에 대해서 이와 같은 태도를 형성하고 있는 부모는 자녀에게 같은 태도를 전수시킬 가능성이 매우 높다. 독자는 이런 태도의 결과가 무엇인지 상상해 보았는가? 그 결과는 다음과 같다. 공부를 잘하는 학생에게서 나타나는 현상을 살펴보면, 이들은 높은 수학 점수를 받기는 하지만 수학을 이해하지 못하는 기이한 현상이 발생한다. 이런 현상에 대한 증거는 독자들의 학창시절을 통해서 익히 경험했을 것이다. 예를 들면 수업시간에 다룬 문제 중심으로 시험 문제가 출제되는 중간고사나 기말고사에서는 높은 점수를 받지만, 수업시간에 배운 것을 응용해서 문제를 풀어야 하는 수능 모의고사에서는 점수가 낮은 경험자가 많을 것이다. 학생 대부분은 교사가 설명한 과정을 이해하지 못하고 결과만 암기하여 적용하려다가 실수를 저지르게 된다. 이러한 결과는 부모와 교사 모두 원치 않지만, 이것이 교육

현실이다. 이는 위의 질문에 대하여 부정하면서 시작된 결과이다. **이런 현상은 수학 학습을 마치 수학 시험에서 좋은 성취를 얻기 위한 도구 정도로 접근할 때 발생한다.** 수학 학습은 새로운 수학 지식의 이해에 대한 감상으로 인해서 그 자체로 즐거운 경험이고 이 즐거운 경험의 보상은 다시 수학 학습을 자극하고 이것이 자연스럽게 우수한 수학 성취로 이어진다. 수학 성적을 잘 받기 위해서 수학을 배우는 것이 아니라 수학적 앎의 가치 창출을 위해서 수학 학습을 해야 한다. 즉, 수학적 앎의 가치 창출을 위한 수학 학습은 높은 수학 성취를 보장해 준다는 점을 잊어서는 안 된다.

이제 이 책을 통해서 독자들은 새로운 관점으로부터 수학 학습 과정을 경험할 것이다. 부모가 먼저 '우리 아이는 초등학교에 입학하기 전 다른 사람의 도움 없이 스스로 수학을 이해할 수 있는 지적 능력을 갖춘 인격체이다'라는 아이의 지적 능력에 대한 확신을 갖길 바란다. 이를 위해서 몇 가지 예를 들어 보기로 하자. 아이를 키워 본 부모라면 누구나 적어도 한 번쯤은 "내 아이가 천재가 아닐까?" 하는 착각 아닌 착각을 해 본 경험이 있을 것이다. 그 착각은 착각이 아니라 실제이다. 실제로 모든 아이는 지적 호기심이 풍부한 창의적 존재이다.

부모가 자신의 자녀를 키우는 동안 이런 생각을 해 볼 때가 언제였는지 떠올려 보기 바란다. 바로 자녀가 보인 지적 활동의 결과물 때문이다. 부모인 내가 가르쳐 준 적이 없는데, 아이 스스로 자신이 직면한 문제를 해결해 내기 위한 아이디어를 창안해 내고 이를 실행에 옮겨서 문제를 해결하는 광경을 심심치 않게 목격했을 것이다.

인간은 누구나 태어나면서 자신이 경험한 것을 바탕으로 이 경험 속에 잠재해 있는 아이디어를 추상해 낼 수 있는 지적 능력을 갖추고 태어난다. 그리고 이 지적 능력을 바탕으로 새로운 지식을 일상생활을 통해서 이해하고, 이 이해를 바탕으로 자신의 타고난 지적 능력은 더욱 발달하고, 발달된 지적 능력을 동원해 이전에 이해하지 못했던 지식을 이해한다. 즉, **새로운 지식의 이해와 지능의 발달은 서로 상호작용한다. 지식을 이해하는 과정에서 지능이 발달하고 지능의 발달이 새로운 지식 이해에 영향을 미치게 된다.** 수학 학습은 수학적 지식의 이해에만 국한된 것이 아니라 지능의 발달과 함께 조명

되어야 비로소 학습에 대한 온전한 접근을 할 수 있다.

이런 접근이 가능할지에 대해서 의문을 품지 말고, 아이들의 지적 능력을 믿고 끈기와 인내를 갖고 이 책에서 제시하는 학습 지침을 실천에 옮기길 바란다. 사실, 이것은 이런 접근을 시도한 여러 연구에서 나타나는 긍정적인 결과이기도 하다. 심지어는 수학 학습 부진아로 분류될 수 있는 집단을 대상으로 이 학습 지침들을 적용하였을 때조차 학생이 스스로 수학을 이해하는 과정을 목격할 수 있었고, 수학 학습이 즐거운 경험이었음을 학생 스스로가 증언한다. 하지만, 이 관점에 대해서 의심하는 순간부터 아이들은 수학을 이해 없이 암기하는 상황으로 몰리게 된다. 이는 매우 불행한 결과이다.

'아이는 초등학교에 입학하기 전에 다른 사람의 도움 없이 스스로 수학을 이해할 수 있는 지적 능력을 갖춘 인격체이다'라는 신념이 아닌 다른 신념, 예를 들면 '먼저 학습한 사람이 자신이 이해한 것을 바탕으로 아이가 이해할 수 있도록 설명함으로써 아이 스스로 이해를 쌓아가고 그 이해를 바탕으로 훗날 아이디어를 창출해 낼 수 있다. 따라서 현재 아이에게 맞는 좋은 설명을 해 주는 것이 유아(수학)교육이다'라는 신념은 자녀 교육에 적용하기 매우 위험하다.

독자는 이런 신념을 바탕으로 한 교육의 결과가 무엇이라고 생각하는가? 한 번 상상해 보기 보란다. 과연 독자의 상상의 결과는 무엇인가? 독자가 원하는 자녀 교육의 결과를 얻을 수 있을 것이라는 점에서는 의문의 꼬리표가 따라 붙을 수밖에 없을 것이다. '들어가면서'에서 진술한 "아빠, 말하지 마. 잠깐만, 내가 해 볼게"와 같은 서형이의 반응과는 달리 이런 교육을 받은 아이들에게서 흔하게 나타나는 현상은 다음과 같다.

- 엄마, 교사, 수학교과서 등에 대한 의존성의 극대화이다.
- 학습하지 않은 내용은 스스로 도전해 볼 생각을 가지지 못하는 수학 학습태도이다.
- 대다수의 경우 정말 잘해야 이해를 수반하지 못한 상태에서 많은 수학 공식의 암기이다.
- 수학적 지능이 발달하지 않는다.

한 개인의 사고는 유동적일 뿐만 아니라 경직성을 띨 수 있다. 즉, 한 개인의 사고 양식은 변할 가능성이 매우 높을 수도 있고, 고집스럽게 한 가지 방식으로만 사고할 수도 있다. 즉, 융통성 있는 사고를 가진 사람은 자신의 사고를 쉽게 변화시키지만 경직된 사고를 하는 사람은 사고를 변화시키기 매우 어렵다. 후자의 신념을 가진 사람으로부터 교육을 받은 아이들은 경직된 사고를 하는 경향이 있고 이런 사고의 경직성을 융통성 있는 사고로 전환시키는 데는 매우 오랜 시간이 걸린다. 따라서 처음부터 융통성 있는 사고력을 신장시켜 주는 교육이 중요하다.

2

우리 아이 수학 학습 언제부터 할 것인가?

아비생이지지자 호고민이구지자야 我非生而知之者 好古敏以求之者也
논어 술이편

 앞 장에서 진술하였듯이, 새로운 지식의 학습은 자녀가 지니고 있는 현재의 지능과 지식에 의존해서 발생한다. 이제 막 태어난 아이는 수학을 학습할 수 있는 지적 능력이 있을까? 몇몇 연구결과에 따르면, 생후 1주일 된 영아들도 서로 다른 두 양을 구별할 수 있다고 한다. 이 연구결과에서 주목해야 할 것은 이 '구별'이라는 지적 행위에 있다. 우리가 주목해야 하는 구별이란 지적 행위는 주어진 대상들 사이에 존재하는 '같음'과 '다름'에 대한 인식을 의미한다. 이 '같음'과 '다름'은 영아에게 주어진 두 대상에 존재하는 것이 아니라 영아가 대상을 보고 구성해 낸 아이디어로 구별한다. 이 시점에서의 영아들은 매우 지적 능력이 낮지만, 점차 성장・발달할 것이고, 그가 어떤 지적 경험을 하느냐에 따라서 개인마다 지능의 발달 정도가 달라진다. 따라서 자녀가 수학을 이해할 수만 있다면, 수학 학습은 빠를수록 좋다고 말할 수 있다.

독자가 '아이는 초등학교에 입학하기 전에 다른 사람의 도움 없이 스스로 수학을 이해할 수 있는 지적 능력을 갖춘 인격체이다'라는 명제에 대해 충분히 이해하고 자신의 신념으로 형성했다 하더라도, '어린아이들과 수학을 공부할 수 있다'라는 위의 진술에 대해서 의문점이 있을 것이다. 이것은 독자가 '수학'이라는 단어에 자연수, 분수, 소수, 덧셈, 뺄셈, 곱셈, 등을 떠올렸기 때문이다. 이 부분에 대해서는 다음 장인 '3. 자녀가 학습해야 할 대상으로서의 수학'에서 자세하게 다룰 것이다.

여기서는 수학적 지식이란 관점보다는 수학 학습에 요구되는 사고라는 관점에서 한 가지 예를 들어 보기로 한다. 유추, 귀납, 연역은 수학 학습에서 필수불가결한 사고 양식이다. 매우 어린아이일지라도 이런 사고를 할 수 있는 준비를 해야 한다. 예를 들어 아이들은 엄마를 엄마로, 아빠를 아빠로, 할아버지를 할아버지로, 할머니를 할머니로 알고 있다. 아빠와 할아버지 사이의 관계를 인식하는 것은 아빠와 할아버지 사이의 관계를 인식할 수 있는 지적 능력이 있어야 한다. 어린아이들은 할아버지는 자신의 할아버지일 뿐 '아빠의 아빠'라는 관계는 인식하지 못한다. 나, 엄마, 아빠, 사촌, 삼촌 등의 **사실적 대상으로부터 그들 사이에 존재하는 관계를 인식할 수 있는 지적 능력을 형성하는 것이 나중에 수학 학습에서 개별 수학적 지식들 사이의 관계를 인지해 내는 데 영향을 미친다.** 따라서 자녀와 함께 시간을 보내는 동안 이처럼 사물 간의 관계를 파악하는 놀이를 자주 하는 것이 바람직하다(이것은 하나의 예에 지나지 않는다. 독자들은 일상생활 환경에서 자녀들과 함께할 수 있는 많은 예들을 찾을 수 있을 것이다).

이때 주의할 점이 여러 가지가 있는데 그중 하나만 여기서 논의해 보기로 하자. 학습에 대해서 다음 장인 '4. 학습, 새로운 지식의 이해 또는 알고 있는 지식의 반복'에서 충분히 논의를 하겠지만, "학습자의 입장에서 '학습'이라는 것은 자신의 현재 지능과 지식으로 이해하기 어려운 대상을 이해하는 것으로, 그 이해의 주체가 부모가 아니라 학습자, 즉 자녀가 되어야 한다는 것이다." 이 진술에서 '이해의 주체가 자녀이어야 한다'라는 진술은 많은 독자들에게, 특히 사교육 관련 종사자들과 교사 중심 교수법 옹호자들에게는 매우 불편한 진실이다. 또한, 이는 발견학습과는 전혀 다른 관점이다. 일반적으로 행해지고 있는 발견학습은 교사가 발견해서 학습자에게 교사가 발견한 아이디어를 전달해 주는 방식을 취한다. 그런데, 이런 접근이 자녀의 지능 발달에 도움을 주지 못한다는 점은 명백하다. 이런 접근이 왜 잘못된 접근인지와 그 폐해가 무엇인지에 대한 논의는 이번 장의 주제에서 벗어나므로 자세한 설명은 '5. 전통적 수학 수업의 폐해'에서 하기로 한다. 단, 독자들은 이 '전통적 수학 수업의 폐해' 장을 읽기 전에 스스로 이런 접근을 피해야 하는 이유를 찾아보기 바란다. 그리고 가능하면, 찾은 이유로 인해서 어떤 새로운 접근을 할 수 있는지 생각해 보기 바란다. 그러고 나서 본서에서 제공하는 새로운 접근들과 비교해 보기 바란다.

한편, 앞서도 진술하였듯이, 한 개인은 새로운 지식을 이해하기 위해서 자신의 현재의 지능과 현재의 지식을 사용한다. 지능은 지식의 이해와 함께 동반 성장·발달해 가기 때문에, 개인의 현재의 지식에 대한 이해를 구하는 시간을 가져보기로 하자. 이 '현재의 지식'이란 결국은 한 개인이 현 시점에서 새로운 지식을 이해하기 위해 사용할 과거의 어느 시점들에선가 학습해서 자신의 현재 인지구조에 있는 그 지식을 의미한다. 즉, 한 개인의 지식 발달사적 측면에서 살펴보면, 이 현재의 지식이란 결국 그 개인의 과거 지식을 의미한다. 따라서 '언제부터 수학 학습이 이루어지는가?'라는 질문에 대한 대답은 '아이가 태어나면서부터이다'라는 진술이 가장 정확한 진술이다. 독자들은 자녀가 태어나면서부터 자녀의 교육에 관심을 가졌는가? 그리고 자녀의 교육을 부모 중 한 사람(대부분의 경우, 엄마)의 역할이라는 생각을 갖고 있는가? 한 사람만 가끔 살펴보면 된다고 생각하고 있는가? 이런 질문들에 대해서 '긍정'하는 인식을 형성하는 부모가 있다면, 부모의 자기 합리화를 통해 생성된 매우 합리적이지 못한 나쁜 생각들이다. 자녀 교육의 성공은 아버지의 참여 정도에 의존한다고 해도 과언이 아니다.

'아이가 태어나면서 부터이다'라는 이 명제가 참이라는 것을 수용하지 못하는 독자도 있을 수 있을 것이라고 예상되기 때문에, 예를 들어 보도록 하자. 학교수학을 학습하기 이전에 이미 아이들은 일상생활을 통해서 학교수학을 학습, 이해, 구성할 만큼의 지식을 구성하고 있다. 아이 대부분이 초등학교 입학 전에 구체적인 상황에서 구체적인 대상을 토대로 합이 10 미만의 덧셈을 할 수 있다. 이들에게 4+5가 얼마냐고 물으면 대답할 수 없는 것은 당연하다. 왜냐하면 이들은 아직 4와 5, 그리고 +에 대한 이해가 부족하기 때문이다. 독자의 이해를 돕기 위해 다음 일화를 살펴보자.

> 나: 서형이가 과자를 4개 가지고 있는데 아빠가 서형이에게 과자를 3개 더 주었어. 그러면 서형이는 과자를 몇 개 가지고 있는 거야?
> 서형: 7개.
> 나: 어떻게 알았어?
> 서형: 처음에 4개가 있었고, 아빠가 3개를 주었으니까, 하나, 둘, 셋, …, 일곱. 일곱 개잖아.
> 나: 서형아 4+3은 얼마야?
> 서형: ???

현재의 논의에서 벗어나기는 하지만, 서형이처럼 반응을 보이는 자녀가 부모는 "과자 4개가 있었고 과자 3개가 더 생겼지. 그래서 지금은 모두 7개가 있지"와 같은 비형식적·수사적 문장을 사용하고 자녀가 이런 표현에 익숙해지면 "과자 4개+과자 3개=과자 7개"와 같은 문장식으로 표현하고, 이런 문장식에 익숙해지면 "4+3=7"과 같은 덧셈식으로 학습하면 된다. 자녀가 이 학습 계열을 이해하는 것은 짧은 시간에 이루어질 수 있는 것이 아니며, 자녀의 지적 능력에 따라서 그 이해의 발달의 빠르고 느림도 분명하게 차이가 날 것이다.

　다시 본 논의로 돌아와서, 자녀가 학습해야 할 대상은 개념에 대한 이름이 아니라 개념 그 자체이다. 개념에 대한 이름은 개념 형성이 공고히 된 후에 해도 늦지 않다. '들어가면서'에서 보았듯이, 서형이가 덧셈의 교환법칙을 이해하고 있는 듯하다고 해서 서형이에게 "이런 것을 교환법칙이라고 해"라고 그 이름을 급하게 알려줄 필요는 없다는 것이다. 이제 막 그와 같은 새로운 개념을 형성하기 시작했음을 보이는 징표이지 이 개념을 충분히 이해하고 있다고는 볼 수 없다.

그러면, 또 3개 및 4개와 같은 개념은 이런 덧셈을 하기 이전에 형성되어야 할 것이다. 따라서 자녀들이 학습할 지식을 학교에서 다루고 있는 추상수로서의 수 1, 2, 3, 등이라고 생각하면 초등학교 입학 후부터 수학 학습이 이루어지는 것이겠지만, 이를 이해하기 위한 사전 지식, 또 그 사전 지식의 사전 지식과 같은 방식으로 논리를 펼쳐 보면 수학 학습은 태어나면서 부터라는 것이 합리적인 답변이다.

3

자녀가 학습해야 할 대상으로서의 수학

거인의 어깨 위에 올라서다. Standing on the shoulders of giants.
Sir Isaac Newton

독자는 이 장의 제목을 읽고 무슨 생각이 가장 먼저 떠올랐는가? 이 질문에 대한 독자들의 대답은 독자마다 다를 수 있을 것이다. 왜냐하면, 지속적으로 언급하는 것이지만, 독자마다 현재 지능과 지식이 다르기 때문이다. 어쨌든 본 논의로 돌아가서, 독자는 아마도 '들어가면서'와 앞선 장들을 읽으면서 "유아들이 논리를 배우도록 해야 한다"라는 저자의 주장에 대해서 의구심을 가질 텐데, "수학이 다 같은 수학이지 또 다른 수학이 있다고? 내가 이해하고 있는 수학과 다른 수학이 있다고? 그것이 무엇일까?"와 같은 또 다른 의

구심이 본능적으로 생겨났을 것이다. 이제 아래 소절들을 통해서 유아가 학습해야 할 수학이 무엇인지 하나씩 살펴보도록 하자.

❶ 관계(패턴)로서의 수학

수학은 많은 절차의 집합체가 아니라 많은 수학적 대상 사이의 관계에 의해서 형성된 아이디어들, 즉 개념들의 집합체이다. 따라서 수학을 학습한다는 것은 수학적 대상 사이의 관계 찾기를 통한 개념형성을 의미한다. 그런데 같은 수학적 대상이 주어졌을지라도, 학습자들은 저마다 지능과 지식이 다르기 때문에 학습자마다 다른 관계를 형성할 수 있는 것이다. 즉, "수학은 하나의 답이 있다는 수학에 대한 고정관념은 잘못된 것이다." 정말 그러한가? 다음의 예를 살펴보자.

$$2, \; 4, \; \underline{\quad}$$

독자들은 위의 밑줄 친 부분에 어떤 수가 들어 갈 수 있다고 생각하는가? 아마도 다수의 독자들이 한 반응은 '6' 또는 '8'일 것이다. 더 나아가서 '7'이라는 반응을 한 독자도 있을 것이다. 또 다른 독자는 '2'라고 답한 독자도 있을 것이다. '2'가 가능하다면, '4'는 어떤가? 아니, '10,000'은 어떤가? 사실, 이들 모두가 답이 될 수 있다. 주어진 두 수 '2'와 '4' 그리고 독자가 반응한 수 사이에 합리적인 관계만 설정할 수 있으면 모든 수가 답이 될 수 있는 것이다. 독자들은 주어진 두 수 '2'와 '4'가 '6' 또는 '8'과 어떤 관계에 있는지 쉽게 이해했을 것이다. 자 그러면, 이 두 수가 '7', '4', '2', 그리고 '10,000'과는 어떤 관계에 있는지 스스로 구해보기 바란다.

그런 점에서 주어진 대상들 사이의 관계를 구성해 낼 수 없는 아이는 수학을 학습할 수 없다는 것은 분명하다. 부모가 주어진 대상들 사이의 관계를 구성하여 아이에게 전달해 주는 경험을 지속적으로 한 아이는 그와 유사한 관계는 잘(?) 인지할 수 있을지 몰라도, 스스로 주어진 대상들 사이에 존재하는 관계를 구성하는 능력은 발달하지 못하였을 것이다. 부모가 자녀 대신 시험을 보거나 부모가 훗날 자녀의 개인 과제를 대신해 줄 수 없는 것처럼, 옆에서 지켜보기 어려워도 자녀가 스스로 관계를 맺을 기회를 박탈하지 말고 자녀에게 그 관계 발견의 책임을 맡겨야 한다. 다시 말하지만, 사고의 주체가 자녀가 되도록 정신적 환경을 조성해 주어야 한다.

수학적 대상들 사이에 존재하는 관계 찾기 활동을 하기에 앞서서, 먼저 자녀들과 함께 일상생활 속에서 자주 접하는 대상들 사이의 '공통점' 및 '차이점' 찾기 놀이를 할 수 있는 기회를 아이들에게 제공함으로써 자녀들은 이를 통해 수학 학습을 위한 논리를 발달시키게 된다. 이 '공통점' 및 '차이점' 찾기는 관계 찾기의 기본이면서도 수학 학습을 위한 지능의 발달에서 매우 중요한 부분 중의 하나이다. 일상생활 속에서 자녀가 흔히 접하는 사물들을 대상으로 관계 찾기 활동을 자주 하는 것이 필요하다. 이런 능력을 통해서 결국은 수학적 대상들 사이의 관계를 찾아야 하는 상황에 직면해서도 자녀는 성인의 도움 없이 다양한 관계를 찾아낼 수 있을 것이다. 스스로 찾은 관계, 즉 아이디어가 자녀에게 가져다주는 가치 창출은 다름 아닌 스스로 하는 수학 학습의 즐거움이다.

> 예 1: 친구와 자신이 공통으로 가지고 있는 것, 자신만 가지고
>   있는 것, 친구만 가지고 있는 것 찾아보기
> 예 2: 엄마와 자신과의 공통점과 차이점
> 예 3: 아빠와 자신과의 공통점과 차이점
> 예 4: 자동차와 비행기의 공통점과 차이점
> 예 5: 장화와 운동화의 공통점과 차이점

다시 한 번 말하지만, **이 공통점과 차이점을 부모가 대신 찾아 주는 것은 자녀가 지적으로 발달할 수 있는 기회를 박탈하는 행위를 저지르는 것이다.** 또한, 그 대상을 달리해서 지속적으로 이 활동을 해 나가는 것이 중요하다. 더 나아가, **자녀에게 주어진 같은 대상으로부터 전에 찾은 관계와는 다른 관계를 찾아내는 경험을 요구할 필요도 있다.** 왜냐하면, 이런 경험으로부터 자녀는 일단의 주어진 대상물들에 대해서 다양한 시각으로 접근할 수 있고, 이는 곧 자녀 사고의 다양성 및 융통성을 발달시켜 줄 것이기 때문이다. 학습은 단속적인 과정이 아니라 지속적인 과정이라는 점에서 이런 활동들을 유기적으로 행하는 것이 필요하다.

❷ 개념으로서의 수학

자녀의 수학적 힘은 수학적 지식이 담고 있는 개념에 대한 자녀의 이해로부터 발생한다. 물론 수학적 지식체의 한 부분을 차지하는 절차적 지식에 대한 이해 또한 중요하다. 하지만, 수학적 개념을 이해하지 못한 채 수학적 절차에 중점을 두면서 수학을 학습하게 되면 결과적으로 아이들은 수학을 어려운 과목으로 인식하게 된다. 수학을 절차 중심으로 학습하는 것은 자녀에게 불행을 가져다 줄 뿐이다. '1. 우리 아이에겐 수학 지적 능력이 있다? 없다?'에서 강조하였듯이, 개념이란 아이디어인데, 어린아이가 추상을 구성해 낼 수 있는 지적 능력이 있음을 그것도 다른 사람의 도움 없이 구성해 낼 수 있음을 인정하지 않는다면, 이런 시도는 시도조차 해 볼 수 없는 것이다. 즉, 이 두 명제는 동전의 양면과도 같은 것이다.

유아가 학습해야 할 더 많은 수학적 개념에 대해서는 'chapter 03'에서 다루기로 하고, 여기서는 한 가지 예로 등호(=)에 대해서 살펴보기로 한다. 대부분의 초등학생들, 다수의 성인들 그리고 일부 초등교사들 조차도 "등호가 무엇이냐?"라는 질문을 받으면 "연산의 결과를 적기 위한 기호" 정도로 답한다. 과연 등호가 그런 의미를 가지고 있는 기호일까? 아마도 이런 반응은 초등학교 수학 학습에서 등호 학습을 거의 하지 않았기 때문이다. 등호는 동치(두 값이 같은 것) 개념을 표현하는 데 사용하는 기호이다. 즉, 임의의 두 양이 어떤 면에서 같은 속성을 갖고 있을 때 이 '같음'을 표현하기 위해서 사용하는 기호이다.

다음과 같은 예를 통해서 자녀에게 동치 개념을 경험시킬 수 있다. '엄마가 서형이에게 준 눈깔사탕 3개를 주었다. 서형이는 3개의 눈깔 사탕을 바지 주머니 속에 넣었다'라고 가정해 보자. 엄마가 준 사탕의 수와 바지 주머니 속에 있는 사탕의 수는 같다. 즉 이를 수사적 문장식으로 표현하면, "엄마가 준 사탕의 수(3개)와 바지 주머니 속에 있는 사탕의 수(3개)는 같다"이다. 내가 눈깔사탕 3개를 가지고 있고, 서형이도 눈깔사탕 3개를 가지고 있다고 가정해 보자. 이 예와 앞서의 예는 적어도 어린아이들에게는 질적으로 다르다. 앞서의 예는 정확하게 같은 대상물을 대상으로 같은 양이 있는지를 알아보는 과제라고 하면, 현재의 예는 서로 다른 대상물을 대상으로 같은 양인지를 알아보는 과제로 이 과제가 보다 높은 수준의 추상능력을 아이에게 요구한다. 아마도 대부분의 만 5세 정도의 아이들은 이때도 역시 아빠가 가지고 있는 사탕의 수와 자신이 가지고 있는 사탕의 수가 같음을 알 수 있다. 하지만 하나, 둘, 셋, … 십까지 셀 줄 아는 어린아이라 할지라도, 이들 중 일부는 다양한 이유로 아빠의 사탕 수와 자신의 사탕 수가 같지 않다고 답하는 아이도 있다. 어떤 아이는 성인이 질문할 때 사용한 단어인 "같다"는 말이 갖고 있는 의미와 다른 의미로 "같다"는 말을 받아들일 수 있기 때문이다. 예를 들어, 수 개념을 형성하지 못한 아이는 주어진 대상의 다른 속성, 예를 들어, 크기나 부피 등을 생각하면서 아빠가 가지고 있는 눈깔사탕 3개와 자신이 가지고 있는 눈깔사탕 3개가 같지 않고 "다르다"라고 말할 수 있다. 즉, 질문한 사람은 "같음"이란 단어를 통해서 '수'의 같고 다름을 의미한 반면에 질문을 받은 사람은 자신이 들은 "같음"이란 단어로부터 "부피" 또는 "크기"에 대해서 생각한 것이다. 다른 예로, 서형이가 5개의 사탕을 가지고 있다가, 내게 2개를 주고 자신이 3개를 가지고 있다고 가정해 보자. 이때 서형이가 처음에 가지고 있는 사탕의 양과 지금 아빠와 서형이가 가지고 있는 사탕의 양의 합이 같은지 다른지를 물어볼 수 있다. 이 상황에서 계속해서 서형이의 3개 중 하나를 나에게 주거나 엄마에게 주었을 때도 역시 같은 '수'의 사탕을 여전히 가지고 있는지를 물어 볼 수 있다. 수의 이런 성질을 보존성이라고 하는데 자녀가 수의 보존성을 구성할 때 비로소 그는 덧셈, 뺄셈 등의 연산을 할 준비를 해 가는 것이다. 그런 점에서 수(number) 학습에서 동치 개념과 수 보존성의 학습 경험은 매우 중요하다.

자녀와 함께 이와 같은 상황들을 이용해서 수학 학습을 하면서 중요한 것은 계산 결과에 있는 것이 아니라 **아이들이 주어진 양이 순서를 바꾸어 세거나 위치를 달리해도 그 양은 변하지 않았다는 아이디어를 구성하는 것이다.** 또한, 부모가 주의해야 할 것 중의 하나는 수의 크기를 크게 해 가면서 반복적으로 유사한 학습 상황을 자녀에게 제공해 줄 필요가 있다는 점이다. 즉, 작은 수를 대상으로 자녀가 동치 개념을 형성하였다 하더라도 큰 수에 대해서도 동치 개념을 형성했다고 보장할 수 없기 때문이다(즉 일반화가 이루어졌다고 볼 수 없다).

❸ 다양성으로서의 수학

최근 들어 수학교육에서 다양성을 강조하고 있는데, 이때 다양성은 다양한 자료를 사용하라는 의미가 아니라 자녀들이 수학을 학습하는 과정에서 수학적 지식이 내포하는 다양한 의미 및 다양한 절차를 이해해야 한다는 의미이다. 즉, 한 수학적 지식은 다양한 의미를 내포하고 있을 뿐만 아니라 수학적 절차 또한 학교에서 가르쳐지고 있는 표준 알고리듬만 있는 것이 아니라 이 표준 알고리듬을 대체할 수 있는 다양한 수학적 절차들이 있다는 점을 강조하고 있는 것이다. 그런데 다양한 의미에 대한 이해의 강조는 희박하면서 표준 알고리듬만을 강조하는 학교 수학교육에 대해서는 재고할 시기가 되었음을 부모들도 인식해야 한다. 이런 학교 수학교육에서의 강조점의 변화를 인지하지 못한 채, 자녀의 수학 학습을 잘 대비하기는 어렵다. 국가는 교육에 변화를 주려고 하고, 학교도 완벽하지는 못할지언정 변화에 적응하려고 노력하고 있는데, 가정교육에서 이런 변화를 인지하지 못한 채 자신에게 익숙한 접근을 시도한다면 이런 시도의 효과가 긍정적이라고 할 수 없는 것은 자명하다.

수학적 지식의 다양성에 대해서 살펴보자. 우리는 아침 식사 시간에 김치, 무나물, 고사리나물, 꽁치 조림 등의 반찬을 먹는다. 여기서 김치, 무나물, 고사리나물 등을 통칭해서 우리는 반찬이라고 하듯이, 동수누가로서의 곱셈, 배로서의 곱셈, 배열로서의 곱셈, 순서쌍으로서의 곱셈 등 곱셈이라는 수학적 지식은 다양한 의미를 지니고 있다. 자녀들은 이런 다양한 의미를 학교 수학을 통해서 학습해야 하는데 앞서 지적하였듯이 현실은 그렇지 못한 것이 안타까울 뿐이다.

미취학 자녀의 수학교육에 대해서 곱셈을 언급하는 것에 대해 의아해할 독자들이 있을 것이다. 학교에서는 2학년 1학기 말 그리고 2학년 2학기 초에 곱셈 학습을 한다. 이것을 언급하는 것은 2학년 때 학습하는 형식적 수학 지식인 곱셈을 이해하기 위한 곱셈에 대한 비형식적 이해를 자녀가 할 필요가 있기 때문이다. 자녀가 2학년이 되어서 곱셈을 학습해야 하는 상황에 직면하게 되었을 때, 이 비형식적 이해가 바로 곱셈을 이해하기 위한 '현재의 지식'이다. 나와 서형이 사이에 있었던 다음의 예를 살펴보도록 하자.

> 나: 서형아, 서형이가 사탕 두 개를 가지고 있는데 아빠가 사탕 두 개를 더 주었어. 서형이는 지금 사탕을 몇 개 가지고 있어?
> 서형: 4개.
> 나: 두 개를 더 주었어. 몇 개 가지고 있어.
> 서형: 6개.
> 나: 또 두 개를 더 주었어.
> 서형: 8개.
> ......

이처럼, 기존 양에 2개씩 동량同量을 반복적으로 증가시키면서 전체 양이 몇 개인지를 알아보는 것을 동수누가로서의 곱셈이라고 한다. 이 대화에서 내가 무엇에 초점을 맞추고 있는지 살펴보도록 하자. 나는 서형이가 똑바로 계산을 하고 있는가에 초점을 맞추면서 계속해서 질문을 던지고 있는 것은 아니다. **내가 초점을 맞추고 있는 것은 나의 질문 속에 반복적으로 나타나는 '두 개'라는 단어를 통해서 서형이가 일정한 양을 하나의 단위로 생각해 볼 수 있는 기회를 제공해 주는 데 있다.** 왜냐하면, '동량'을 반복적으로 더해가는 상황은 일반적인 덧셈 상황과는 다른 특수한 상황이기 때문이다. 뒷부분에 정리한 'chapter 01. 3. ❺ 선형적 수학이 아닌 복합적 수학'의 주제이기는 하지만 현재의 예로 계속해서 설명을 하자면, 이 특수한 상황에 대한 자녀의 인식은 일반적인 상황을 동시에 제공해 줌으로써 두드러지게 할 수 있다. 'chapter 01. 3. ❺ 선형적 수학이 아닌 복합적 수학'에서 '나누기'와 '똑같이 나누기'로 다시 한 번 이에 대해서 설명을 하기로 한다. 본론으로 돌아가, 여기서 자녀와 함께 다루어야 할 것은 자녀의 '동량'에 대한 인식이다. 3개씩 한 묶음이 있는 것에 대한 경험, 4개씩 한 묶음이 있는 것에 대한 경험 등을 할 수 있는 기회를 지속적으로 제공해 줄 필요가 있다.

❹ 인간의 창의적 사고 및 그 산물로서의 수학

수학의 발달 과정은 인간의 수학적 창의성의 발현 과정이다. 예를 들어 우리가 현재 사용하고 있는 자연수의 사칙연산이 확립된 것은 8세기경이라고 하지만 일반인들이 이 사칙연산을 보편적으로 사용하기 시작한 것은 20세기 초에 불과하다. 고대 이집트인들은 자연수의 사칙연산 중 하나인 곱셈을 어떻게 계산하였는지를 27×14를 통해서 살펴보기로 하자. 이들은 다음과 같은 매우 간편한 방법으로 이를 계산하였다.

27	2^0	27	
27	2^1	54	√
27	2^2	108	√
27	2^3	216	√

곱셈식에 있는 둘 중 한 수를 고정시키고(이 예에서는 27) 이 수에 2의 거듭제곱한 수들을 구한다. 이때 2의 거듭제곱이 곱셈식 중 나머지 한 수(이 경우, 14)를 넘지 않을 때까지 한다(이 경우, 2^3). 왜냐하면, 2의 거듭제곱의 수들 중 몇

개의 조합으로 그 합(14)을 구할 수 있기 때문이다(2^1+2^2+ 2^3=14; 고대이집트인들의 문헌에는 나타나지 않지만, 14를 $2^1+2^2+2^2+2^2$로 구했을 가능성도 배제할 수는 없을 것 같다). 따라서 주어진 곱셈식의 곱은 $27(2^1+2^2+2^3)$에 의해서 54+108+216=378로 구했다.

매우 다양한 곱셈 계산 방식들이 존재했다. 그렇게 다양한 곱셈 계산 방법들이 존재했었음에도, 현 시대를 살아가는 사람들은 표준 알고리듬만이 존재했었던 양 곱셈에 대한 사고의 틀을 표준 곱셈알고리듬으로만 곱셈의 사고틀을 제한하고 있다.

그런데 어린아이들에게 스스로 수학적 지식을 구성할 수 있는 학습 기회를 제공할 때, 이들도 인류가 수학적 지식을 구성하는 과정과 매우 유사한 과정을 거치면서 수학적 지식을 스스로 구성할 수 있다고 한다. 이를 발생적 인식론(generic epistemology)이라고 한다. 위의 문장에서 중요한 것은 '어린아이들에게 스스로 수학적 지식을 구성할 수 있는 학습 기회를 제공할 때'이다. 이는 자녀의 반응들을 통해서 매우 쉽게 확인할 수 있다. 예를 들어, 자녀가 만 3세

반 내지 4세 정도이었을 때를 떠올려보자. 자녀가 과자 1개를 가지고 있고, 부모가 자녀에게 사과 2개를 더 주었다고 가정해 보자. 자녀에게 "사과 몇 개를 가지고 있어?"라고 물으면, 이 무렵의 대부분의 자녀들은 (사과) 3개를 가지고 있다고 대답한다. 이 예에서 주목할 것은 이 연령대의 자녀들은 덧셈에 대해서 배워 본 적이 없다는 것이다. 자녀 스스로 이 답을 구성해 냈다는 점이다. 물론, 이 아이에게 5개 이상의 많은 사물을 포함하는 덧셈 상황을 제공하면 할 수 없을 것이다. 이런 사실은 학교교육을 받아 본 적이 없는 청소년들을 대상으로 한 연구에서도 밝혀지고 있다. 예를 들어, 브라질에서 거리에서 과일을 판매하는 대부분의 청소년들은 학교교육을 받아 본 적이 없지만, 자신들이 판매하고 있는 과일의 거래에 필요한 계산을 자신들만의 고유한 계산 방법으로 계산을 한다. 이들이 사용하는 계산 방법은 학교에서 가르치는 표준 알고리듬과는 전혀 다르다.

그렇다면, 이런 점에서 볼 때, 취학 전 연령의 자녀의 수학교육은 수학적 창의성의 발현 과정의 시초라고 보아야 한다. 이를 위해서 부모는 자녀에게 어떤 수학을 가르쳐야 할까? 부모가 해야 할 일은 자녀들이 장차 필요로 하게 될 수학을 스스로 학습할 수 있는 능력을 길러주는 것뿐임은 자명하다. 이 능력은 많은 수학 지식의 암기가 아니라 수학적 사고력의 점증적인 발달 및 이해를 동반한 수학적 지식의 구성을 통해서 발달한다.

❺ 선형적 수학이 아닌 복합적 수학

먼저, 이에 대한 논의를 하기 전에 자녀들이 초등학교에 입학해서 학습할 수학을 담고 있는 초등수학교과서를 상상해 보거나 이를 구할 수 있으면 펼쳐 보도록 한다. 처음에는 수를 읽고 쓰고, 덧셈, 뺄셈, … 등의 순서로 수학적 지식들이 배열되어 있다. 그런데 우리는 이 부분에 대해서 다음과 같은 질문을 고민해 볼 필요가 있다. "초등수학교과서에서 수학적 지식을 나열하는 순서처럼 학습자들이 수학을 학습해 갈까?" 예를 들어 "아이들이 덧셈을 학습한 후에만 뺄셈을 배울 수 있는 것일까?" 수학적 지식이 지니는 특성인 계통성 및 위계성 때문에 이렇게 학습자들이 학습할 대상인 수학 내용을 설정하는 듯하다. 그것은 수학적 지식의 특성만을 고려한 것이지 학습자의 학습 특성은 고려하지 못한 결정임에 틀림없어 보인다. 초등학교 학생이 덧셈을 배우고 있는 동일한 시기에 뺄셈을 할 수 없는 것이 아니다. 더 나아가 이들은 그들 자신만의 방법으로 나눗셈도 할 수 있다. 예를 들어 미취학 자녀에게 12개의 사탕을 엄마, 아빠, 학생 자신 세 사람에게 똑같이 나누어 주라고 하면, 이 아이는 한 사람에 하나씩 3개를 나누어 주고, 남아 있는 9개를 가지고 다시 한 사람에 하나씩 3개를 나누어 주고, 남은 6개를 가지고 다시 한 사람에 하나씩 3개를 나누어 주고, 여전히 남아 있는 3개를 가지고 다시 세 사람에게 하나씩 나누어 줄 수 있다. 물론, 그가 이것을 12÷3=4라고 형식화시키지 못할 것이라는 점은 분명하다. 우리가 궁극적으로 학습자들이 학습하기를 기대하는 것은 추상화된 수학을 하는 것이지만, 이것은 말 그대로 궁극적인 목적이지 이것만을 학습 경험하도록 해서 학습자들이 궁극적인 목적을 달성할 수 있을 것이라고 기대하기는 어렵다. 따라서 **자녀와의 학습 과정에서도 다양한 수학적 지식들을 순차적으로**

학습할 수 있도록 하는 것이 아니라 동시에 함께 학습할 수 있는 기회를 제공해 주어야 한다. 덧셈과 뺄셈을 하면서, 덧셈을 뺄셈으로 생각해 볼 수 있는 질문을 던질 수도 있고 그 반대도 가능하다. 예를 들어, "한 나무에 참새가 3마리 앉아 있는데, 조금 있다가 2마리가 더 날아왔어. 지금은 모두 몇 마리입니까?"는 덧셈이지만, 이 문제에서, "처음에 있던 참새는 몇 마리입니까?"라는 질문을 하게 되면 이는 뺄셈이 된다. 이처럼 하나의 상황을 가지고 여러 가지 수학적 지식을 다룰 수 있음에도 하나의 수학적 지식을 다룰 때마다 서로 다른 상황을 설정하는 것은 비효율적이다. 또한, 덧셈과 뺄셈의 역연산 관계에 대해서도 탐구해 볼 수 있는 것이며, 이때 분수의 가장 기본 개념인 등분할에 대해서도 이야기해 볼 수 있는 것이다. 예를 들어, 자녀와 함께 다음과 같은 상황을 제공해 보자.

> 나: 서형이가 사탕 6개를 가지고 있어. 이것을 엄마, 아빠, 서형이에게 나누어 줘봐(이 활동을 하기 전에, 먼저 두 사람에게 나누어 주는 기회를 제공해 주는 것도 좋다. 주어진 임의의 양을 다양한 임의의 양으로 나눌 수 있음에도 자녀의 사고를 두 양으로만 나누어 보는 경험으로 국한시키는

것은 자녀의 수학적 지능 및 지식 발달에 부정적 영향을
줄 수밖에 없음을 상기하기 바란다).

서형: 아빠는 3개, 엄마는 2개, 나는 1개 줄래.

나: 아빠는 왜 3개를 주는 거야?

서형: 아빠는 뚱뚱하니까 많이 먹어야 해.

나: 서형아, 아빠가 조금 전에 다른 것을 먹어서 배가 불러. 그
래서 아빠는 조금만 먹고 싶어. 다시 엄마, 아빠, 서형이에
게 나누어 줘봐.

서형: 그러면 엄마 2개, 나 3개, 아빠 1개 줄래(아마 다양한 답
이 가능할 것이다. 서형이는 '엄마 2개, 나 1개 그리고 아
빠도 1개만 먹고 나머지 2개는 놔두었다가 나중에 아빠
가 먹어.'와 같은 반응을 보인 적도 있다.)

나: 서형아 잘했어. 이번에는 서형이가 가지고 있는 사과 6개
를 엄마, 아빠, 서형이 셋이서 똑같이 나누어 갖도록 하자.
서형이는 몇 개 가질까?

서형: (공기돌, 바둑알, 손가락 등을 이용해서) 아빠 하나, 엄마
하나, 나 하나, 아빠 하나, 엄마 하나, 나 하나. 나는 두
개 가졌어.

나: 서형아, 엄마 것, 아빠 것도 서형이처럼 똑같이 2개 가지고
있어.

서형: 응, 봐, 아빠도 엄마도 2개잖아.

위의 예에는 다양성으로서의 수학, 복합성으로서의 수학
등 다양한 수학적 경험이 녹아 있다. 다양성으로서의 수학
은 다양한 방법으로서의 수학이라는 측면에서 보면, 사과 6
개를 다양한 방법으로 나누는 것을 볼 수 있었다. 본 절의
주제인 '복합성으로서의 수학'이란 측면에서 이 예를 살펴

보면, '나누기'와 '똑같이 나누기'란 두 수학적 아이디어가 공존하고 있다. 이처럼 가능하다면, 두 가지 또는 세 가지 수학적 아이디어들을 동시에 경험할 수 있는 기회를 자녀에게 제공할 필요가 있다. 여기서 부모가 고려해야 할 점은 자녀가 '나누기'를 충분히 잘할 때 '똑같이 나누기'를 해야 한다는 점과 수의 크기를 확대해 가면서 같은 개념의 구성을 도와야 한다는 점이다. 수의 크기를 확대하면서 좀 더 복잡한 다른 아이디어들을 끌어들일 필요가 있다는 점 또한 잊어서는 안 될 것이다. 즉 큰 수를 가지고 할 때 같은 개념의 반복만으로는 자녀의 지적 흥미를 유지시킬 수 없다. 물론, 자녀가 충분히 이해하고 있는 아이디어에 대한 반성의 시간은 줄이도록 한다. 이런 것은 부모가 자녀학습나이를 잘 먹어갈수록 가능하다. **부모의 자녀학습나이가 낮을수록 부모의 자녀학습에 대한 관심은 일회성을 띠게 된다.** 그리고 이런 일회적 관심이 자녀의 학습에 효율적으로 작용하지 못할 것이라는 것은 자명하다.

❻ 과정으로서의 수학

앞서도 언급하였듯이, **자녀가 학습할 대상인 수학은 인간의 수학적 창의성의 발현 과정을 거친 산출물이다.** 이 창의성의 발현 과정의 최종 산출물인 수학을 그 결과만을 학습 대상으로 삼아서 학습을 하는 것은 수학 학습의 효과적인 접근이라고 할 수 없다. 그럼에도 독자가 초·중·고 교육을 통해서 경험한 수학 학습과 현재 학교 교육에서 이루어지고 있는 수학 학습은 결과 중심의 수학 학습이라는 사실은 슬픈 현실이다.

이처럼, **결과 중심의 수학 학습은 자녀의 수학적 사고 발달을 저해하는 학습 방식이다.** 결과로서의 수학과 과정으로서의 수학을 극명하게 대비시키는 학교에서 그리고 가정에서 발생할 수 있음직한 다음과 같은 상황을 살펴보도록 하자.

> 부모: 엄마(선생님)가 설명한 것 이해했어?
> 자녀: 예.
> 부모: 그러면 다음에 학습할 것은 무엇인지 살펴보자.

앞의 예에서 자녀가 "예"라고 대답한 것이 자녀가 부모가 설명한 것을 이해했음을 보장해 주지는 못한다. 자녀와 수학 학습을 하는 과정에서 부모는 반드시 "어떻게 구한 것이야?", "어떤 방법으로 한 것이야?" 등과 같은 열린 질문을 함으로써 자녀의 정신적 사고 과정을 자녀의 머리 밖으로 표출할 수 있도록 도와주어야 한다. 독자 중 일부는 어린아이가 자신의 사고 과정을 표현할 수 있을지에 대해서 의문을 품을 수도 있다. 하지만 자녀에게 이런 기회를 줄수록 자녀들은 스스로의 사고 과정을 즐기게 되고 부모의 도움으로부터 멀어지게 된다. '들어가면서'에서 진술하였듯이, "아빠, 잠깐만, 말하지 마" 하는 서형이를 기억했으면 한다.

4

학습, 새로운 지식의 이해 또는 알고 있는 지식의 반복

학이시습지 불역열호 *學而時習之 不亦說乎*
논어 학이편

　부모가 자녀와 함께 수학 학습을 할 때 부모가 늘 염두에 두어야 할 것이 있다. 그것은 바로 **'학습은 학습자가 알지 못하는 새로운 대상을 이해하는 과정이다'**라는 것이다. 자녀가 수학을 학습한다는 것 또한 자녀가 알고 있지 못하던 수학을 이해해 가는 과정을 의미한다. 이 이해의 과정은 누구에게도 쉽지 않다. 하지만 그 이해의 과정이 어려운 만큼 그 과정을 스스로 이해했을 때 결과적으로 발생하는 "내가 알아냈어", "나도 할 수 있어" 하는 지적 희열은 그 어떤 희열보다도 큰 감동을 선사한다. 따라서 이런 지적 희열을 맛본 자녀는 추후에 자신이 직면하게 될 또 다른 이해의 과정을 피하지 않게 된다. 이 지적 희열이 자기 스스로 지식을 구성해 가는 정신적 태도를 형성시켜 준다. 이 지적 희열을 부모가 박탈해서는 안 된다는 점을 재차 강조하고 싶다.

그런데 여기서 한 번 부모가 생각하고 있는 학습은 무엇이고, 그 생각에 따라서 자녀에게 요구하는 것은 무엇인지 생각해 볼 필요가 있다. 부모 입장에서 고통스러운 자기반성이 되겠지만, 자녀들이 주로 하고 있는 것은 학습이라기보다는 학교에서 선생님이 설명한 것의 반복연습이다. 이것을 학습이라고 부를 수는 없는 것이다. 이런 방식으로 교육을 실천해서는 자녀가 지적 희열을 느낄 수 없다는 것은 자명하다. 왜냐하면, 그는 자기 스스로 지식을 구성하는 순간을 직접적으로 경험하지 못하기 때문이다. 물론, 자녀가 이런 지적 희열을 느끼면서 수학을 학습하는 데 있어서 부모의 도움이 절대적으로 필요하다. 이를 위해서 부모가 해야 하는 것이 바로 이 책 곳곳에서 언급하는 **부모의 자녀 수학 학습은 자녀가 현재 이해하고 있는 상태에 대한 부모**

의 이해를 바탕으로 해야 한다는 것이다. 독자들은 자녀가 수학을 이해하는 과정을 얼마나 이해하고 있는지 반성해 보기 바란다. 그리고 이를 위해서 현재 부모가 하고 있는 행위가 무엇이 있는지 검토해 보기 바란다. 그런 검토와 더불어, 이 책에서 소개하는 여러 방법들에 대해서 고민하고 실천하는 독자가 되기를 기대한다.

❶ 잘 구조화된 기저지식을 형성하도록 돕는다.

자녀가 새로운 무엇인가를 학습하고자 하는 어떤 한 시점을 고려해 보자. 자녀가 이 새로운 지식을 이해하기 위해서 사용할 수 있는 그의 지적 도구는 자녀의 현재의 추론 능력과 기저지식(현재까지 자신이 알고 있는 지식 중 주어진 상황에 활성화된 지식)임에 틀림없다. 이 절에서는 기저지식에 초점을 맞추고 추론 능력에 대해서는 'chapter 3. 1. 언어 발달 이전의 수학 학습'을 참고하기 바란다.

새로운 지식을 이해하는 데 필요한 지식을 자녀가 구성하고 있지 못하면, 당연히 새로운 지식을 이해하는 것은 극히 난해한 과정이 될 것이기 때문에 현재 자녀가 이해하고 있는 지식은 자녀가 새로운 지식을 이해하는 데 있어서 매우 중요한 역할을 한다. 이 현재의 지식이 얄팍해서는 안 된다는 것은 너무나 자명하다. 반대로 이 현재의 지식은 풍부해야 한다. 이 풍부하다는 말이 단순히 많은 정보를 알고 있음을 의미하는 것이 아니라, 이 풍부하다는 말이 의미하는 것은 학습자가 이미 알고 있는 지식과 지식 사이의 관계 맺음을 통해서 형성한 매우 치밀한 인지구조를 의미한다. 그렇다면, 자연스럽게 자녀가 자녀의 인지구조를 치밀하게 구성할 수 있는 방법이 무엇인가에 관심이 가게 된다. 사실, 이에 대한 방법은 이미 'chapter 01. 3. 자녀가 학습해야 할 대상으로서의 수학'에서 진술한 것이라고 할 수 있다. 그럼에도 부모가 이를 성공적으로 실천할 수 있는 몇 가지 방법을 안내하도록 한다. 첫 번째는 **현재 자녀가 알고 있는 것과 모르고 있는 것을 명확하게 부모가 파악할 필요가 있다는 것이다. 이 판단을 근거로 부모는 자녀가 추후에 학습할 내용을 선정할 수 있다.** 부모가 이렇게 해 줌으로써 자녀는 자신의 기저지식과 추론능력을 바탕으로 새로운 지식을 구성할 수 있다. 또한, 이를 바탕으로 모르고 있는 내용을 자녀가 이해하도록 도움을 줄 수 있는 활동을 마련할 수 있다. 학교교육에서 흔히 발생하는 잘못된 관행 중 하나가 바로 학생들이 "선생님, 저 모르겠어요"라고 할 때, 교사가 방금 전에 설명한 방법을 그대로 다시 설명하는 것이다. 과연 교사가 이렇게 했을 때, 학생들이 이해하지 못해 재설명을 요구했던 그 수학을 학생들이 이해할 수 있을까? 아니다. 선생님이 "이제는 이해했지?"라고 물을 때 학생들은 대체로 이해하지 못한 상태임에도 "네"라고 대답한다. 왜냐하면 "모른다"고 대답을 해도 선생님은 자신이 이해하지 못하는 방법으로 다시 설명할 것이라고 생각하기 때문이다. 따라서 부모는 이런 폐해를 없애기 위해서라도 전과는 다른 예를 통한 학습 활동을 전개해 갈 수 있어야 한다. 이런 점에서 볼 때, 예습보다는 복습이 훨씬 중요하다는 것을 알 수 있다. **부모는 자녀가 새로운 대상에 대해 한 번의 학습 경험으로 습득할 수 있다고 기대하며 학습을 진행해 나가는 것은 재앙과도 같은 결과를 초래하게 된다.** 따라서 부모는 자녀와의 수학 학습 시 자녀가 이해하지 못한 부분을 파악하고 자녀 스스로 이해할 수 있는 기회를 갖도록 해 주는 것이 필요하다. 또한 어떤 특정한 교재나 문제집에 일정한 순서대로 정해진 그대로의 수학적 대상을 학습할 것을 자녀에게 강요하기보다는 **자녀의 현재의 이해 정도에 대한 부모의 파악을 바탕으로 이보다 한 단계 앞선 수학적 대상을 학습할 기회를 제공해 주는 것이 자녀의 학습을 돕는 첩경이다.**

두 번째 방법은 치밀한 인지구조는 결국 개별 정보 사이의 관계맺기에 의해서 형성된다는 점을 고려하면, **단지 두 정보 사이의 관계맺기뿐만 아니라 여러 정보들 사이의 관계맺기를 주기적으로 시도해야 한다는 것이다.** 자녀에게 두 정보만을 주었을 때 자녀가 맺을 수 있는 관계는 한정될 수밖에 없다. 점차적으로 자녀가 동시에 고려해야 할 수학적 대상의 수를 늘려가는 것이다. 이는 쉽지 않은 지적 활동이지만 이런 지적 활동의 결과로 자녀는 높은 지능을 구성하게 된다. 단지 두 대상 사이에 존재하는 관계를 찾는 것보다 많은 대상들 사이에 존재하는 관계를 찾는 것은 자녀로 하여금 그 만큼의 동시에 고려해야 할 요인들이 많아진다는 점에서 이런 활동은 보다 높은 수준의 지능의 발달을 이끌어 낼 것이라는 점은 분명해 보인다.

한 걸음 더 나아가, **이들 대상물에는 한 가지 관계만 존재하는 것이 아니기 때문에, 자녀가 주어진 대상물들로부터 한 가지 관계를 맺어내더라도, 같은 대상물로부터 또 다른 관계를 찾아보도록 요청하는 것이 중요하다.** 처음에는 이런 요청을 받았을 때 관계찾기를 하지 못할 수도 있지만, 꾸준하게 이런 질문을 던지면 자녀는 일단의 대상물로부터 서로 다른 관계들을 쉽게 찾아내는 지력을 형성하게 될 것이고, 이런 관계맺기가 곧 자녀의 지적 능력의 성장 및 발달에 영향을 줄 수 있다. 왜냐하면, 이런 질문을 받은 자녀는 주어진 동일한 대상물들을 참조로 이 대상물들에 있는 특정한 성질들을 버리고 공통적으로 있는 성질을 찾아내어 그 찾아낸 아이디어를 명료화해야 하기 때문에 풍부한 논리수학적 지식이 발달하게 되는 것이다.

우리 자녀는 할 수 없을 것이라고 생각하고 자녀에게 이런 지적사고를 할 수 있는 기회를 제공하지 않으면 자녀는 당연히 지적사고력이 발달하지 않는다. 자녀는 부모나 교사가 기대하는 방식으로 성장 발달해 간다는 것이 연구 결과이다. 이것은 사실이다. 자녀를 믿고, 좀 더 정확히 말해서 자녀의 지적 능력을 믿고, 아니 좀 더 정확히 말하면 **무한한 인간의 지적 창의성을 믿고 자녀에게 자신의 지적 창의성을 최대로 발휘할 수 있는 기회를 제공해 주는 것이 부모의 역할이 아닐까 한다.**

❷ 오류는 지식 구성 과정의 부산물이다.

오류는 매우 중요한 학습자료이다. 부모는 자녀가 수학 학습 중에 보일 수 있는, 아니 보일 수밖에 없는 오류를 자녀의 '모름' 또는 '이해 못함'으로 인식해서는 안 된다. 자녀가 새로운 수학 지식을 학습하는 과정에서 오류를 보이지 않는다는 것이 오히려 더 이상한 현상이다. 자녀가 오류를 보이는 것은 지극히 자연스러운 현상이다. 한번, 성인으로서 부모 자신이 모르고 있던 어떤 새로운 대상을 이해해야 하는 상황에 처해 있다고 가정해 보자. 단 한 번에 그것을 이해했는가? 그렇지 않았을 것이다. **자녀가 수학을 학습하는 과정은 끊임없는 새로운 대상을 이해해 가는 과정이다.**

부모가 자녀에게 해 줄 수 있는 것은 그 이해의 고통의 순간을 즐길 수 있는 반전의 기회로 전환해 주는 것이다.

서형이가 8+8을 계산하는 과정을 살펴보도록 하자. 서형이는 평소에 이런 문제를 여러 가지 방법을 이용해서 해결한다. 자신의 손가락 8개와 나의 손가락 8개, 또는 자신의 손가락 8개와 자신의 발가락 8개, 또는 자신의 손가락 8개와 머릿속으로 8개가 있다고 가정하고 푼다. 풀이 방법도 다양하다. 앞서서 진술했듯이, '전부세기'를 이용하기도 하고, '가르기'를 이용하기도 하고, '10 만들기'를 해서 풀기도 한다. 이 글을 작성하고 있는 시기(만 5세 9개월)에 서형이가 한 번은 "8+8이 14이다"고 하였다. 나는 당연히 "어떻게 한 것이야?"라고 서형이에게 물었다. 서형이는 "아빠, 6 더하기 6은 12잖아. 2개가 더 있으니까 12, 13, 14. 14지"라고 대답했다. 나는 "여기 '8'은?"이라고 의문을 제기했다. 서형이는 "아, 14, 15, 16. 16이다"라고 자신의 반응을 정정했다. 이것은 서형이가 '같은 두 수의 합'을 이용해서 덧셈 문제를 해결한 첫 시도였다. 나는 "4 더하기 5는?"이라고 물었다. 서형이는 '9'라고 대답을 했고, 나는 계속해서 "어떻게 구했어?"라고 물었다. 서형이의 대답은 "3+3은 6이고, 4에서 하나 남고, 5에서 2개 남았으니까, 6, 7, 8, 9. 9지."이었다. 나는 다시 서형이에게 서형이가 한 생각에 대한 매우 큰 칭찬을 해 주었다(이 '칭찬'에 대해서는 'chapter 02. 2. 상벌주기'를 참고하기 바란다).

서형이가 8+8에 대해서 14라는 오류를 보였을 때, 내가 어떤 것이 되었든 간에 나의 방식으로 이를 설명해 주려고 했다면(아마도 이런 행위가 이런 상황에서 많은 부모들이 취하는 행위일 것이다), 그 후 과정은 어떻게 진전되었을지 부모가 더 잘 알 것이다. 왜냐하면, 아마도 이런 행위는 이런 상황에서 많은 부모들이 취하는 행위이기 때문에 부모들에게 매우 익숙한 풍경이 그려질 수 있을 것이다. 그 풍경은 방금 본 나와 서형이 사이에 벌어지는 풍경과는 사뭇 다른 풍경일 것이다. 어느 풍경에 자신과 자녀가 있기를 바라는가? 고민해 보기 바란다.

어쨌든, 앞의 장 chapter 01. 3. ❸ '과정으로서의 수학'에서 언급하였듯이, 수학 학습은 과정을 필연적으로 요구한다. 부모는 자녀가 어떤 수학적 아이디어를 가지고 주어진 상황(문제)을 해결하는지를 이해해야 한다. 그 과정에서 오류가 발견될 수 있지만, 이 오류는, 서형이의 예에서처럼, 자녀 스스로가 수정할 수 있도록 하는 것이 바람직하다. 다시 한 번 서형이의 예를 살펴보자. 내가 한 역할은 단지 서형이에게 자신의 사고과정을 반성해 볼 것을 요구하였고, 이것이 서형이의 사고과정을 밝혀주었고, 오류가 있음을 인식하게 되었고, 그것을 스스로 수정함으로써 자신이 처음 시도한 전략(같은 두수의 합의 활용)의 정당성을 확보하게 되었다. 즉, **지식 구성의 주체가 서형이 자신이고 그 구성된 지식의 소유권이 서형이에게 있다.** 이런 종류의 경험의 축적을 통해서 자녀들은 스스로 수학을 즐기면서 학습하는 태도를 형성하게 된다.

자녀 스스로 자신이 만들어 낸 오류를 수정하는 경험을 함으로써 자녀는 오류에 대한 대처 방법을 익힐 수 있을 뿐만 아니라 이런 상황이 발생했을 때 타인에게 의지하기보다는 자신의 능력에 의지하게 된다. 이런 학습태도의 형성은 적극적인 지식 구성자로 자녀가 성장해 가는 동력으로 작용하게 된다.

❸ "맞았어(잘했어), 틀렸어(잘못했어)" 대 "동의해
   (알겠어), 동의하지 않아(무슨 말이야)."

　　부모가 자녀와 함께 교육을 하면서 무의식적으로 자주 사
용하는 언어가 "맞았어", "잘했어", "틀렸어", "잘못했어(잘
못했잖아)" 등일 것이다. 이들 언어들의 공통점은 부모가
자녀 사고의 '옳음'과 '그름'을 판단한다는 것이다. 이 '옳
음'과 '그름'에 대한 판단의 주체가 학습자인 자녀가 아니
라 부모이고, 이런 행위의 축적은 결국 자녀의 잠재의식 속
에 옳고 그름에 대한 판단의 주체가 자신이 아닌 부모, 훗
날에는 학교 선생님 그리고 더 나아가 학원 강사 또는 과외
선생님이라는 잘못된 학습태도를 자녀에게 습관화시켜 줄
것이다.

　　"맞았어" 또는 "틀렸잖아"와 같은 언어를 사용하는 부모
의 의식 속에 자리 잡는 자녀의 학습에 대한 부모의 인식은
안타깝게도 바로 자녀의 지적 능력에 대한 부정으로부터 발
생한 것이다. 즉, 어린아이들은 스스로 지식을 구성할 능력
이 없으므로, 먼저 이해한 사람이 자신의 이해 과정 및 그

결과를 어린아이들에게 설명해 줌으로써 자녀가 새로운 내용을 이해할 수 있을 것이라는 신념에 터한 행동이다. 그러나 이 신념은 매우 그릇된 신념이다. 왜냐하면, 학교 학습에서 흔하게 발생하듯이, 이런 경우에 자녀는 부모의 설명을 이해하지 못하고 결국은 자녀의 머릿속에는 어떤 영향도 미치지 못하기 때문에, 자녀가 후에 보이는 실수나 오류에 대해서, 부모는 "왜 내가 전에 설명해 주었는데 모르느냐?"라고 자녀를 꾸지람하게 된다. 이런 잘못된 학습의 악순환은 결국에는 수학 학습을 암기학습으로 몰고 가게 된다.

또한, 이들 언어를 사용함으로써 자녀의 인식 속에 남게 되는 부정적 영향들 중의 또 다른 측면은 이들 언어들의 누적적 사용으로 인해서 자녀들의 사고가 단순화 및 선형적이게 된다는 점이다. 이는 누구도 원하지 않는 결과이지만, 이들 언어의 사용은 이런 결과를 초래하고 만다. "맞았다(또는 틀렸어)"라는 언어를 사용하는 이면에는 자녀 사고의 결과가 부모가 기대하는 사고의 결과(이는 대부분 초등수학교과서에서 제시하는 바로 그것)와 같아야지만 자녀가 수학을 학습하고 있는 것이라는 잘못된 학습관이 깔려 있는 것이다. 즉, 자녀는 자신만의 사고를 자유롭게 할 수 있는 환경에 놓이는 것이 아니고 부모가 기대하는 그 아이디어를 찾아내려는 노력을 해야지만 되는 억압적 상황에 놓이게 되는 것이다. 이것이 자녀의 사고의 단순화 및 선형화를 점차적으로 고착화시키게 된다. 어린 자녀라 할지라도 그가 사고할 수 있는 능력을 갖춘 지적 인격체임을 존중한다면, 그의 사고 자체를 존중하고 가치 있게 여기는 풍토를 조성할 필요가 있다.

본 논의에서 벗어나는 논의이기는 하지만, 이와 관련해서 한 가지 짚고 넘어가야 할 것이 바로 문제풀이 중심으로 이루어지는 사교육 및 문제풀이 중심의 문제집들이 이 사고의 고착화를 강화시킨다는 점이다. 앞서도 언급하였듯이, 학습이란 자신이 이미 알고 있는 것을 반복 연습하는 것이 아니라 자신이 모르고 있는 새로운 대상을 이해하는 것이다. 현재 부모가 자녀에게 제공해 주는 학습이 반복학습으로 습관화된 것만 잘하는 인간으로 성장하게 하는지, 자녀 스스로 새로운 지식을 구성해 갈 수 있는 지적 능력을 발달시켜 줌으로써 창의성을 갖춘 인간으로 성장하게 하는 교육 방식인지에 대해서 생각해 봐야 한다.

만약 부모가 시행하는 교육방식이 후자를 지지한다고 판단되면 계속 그대로 실천에 옮기면 된다. 하지만 그렇지 못하다고 판단되면 가차 없이 폐기처리하고, 아이들을 믿고 아이 스스로 수학 학습을 해 갈 수 있도록 아이 옆에서 아이가 지식 구성자로 성장할 수 있도록 부모는 조력자의 역할을 충실히 수행하는 것이 좋다. 그런 부모의 도움이 자녀가 창의력을 지닌 인간으로 성장하는 데 큰 기여를 하게 된다.

다시 본 논의로 돌아가도록 하자. "맞았어" 또는 "틀렸어"라는 언어를 사용하는 대신에 부모가 자녀의 반응에 대해서 "동의해" 또는 "동의하지 않아"(어린아이에게는 이런 언어들이 어려울 수 있으므로, 부모와 아이가 직면한 상황에 맞는 언어를 사용하는 것이 좋다. 예를 들어, "서형이가 한 말을 아빠도 알겠어", "무슨 말을 하려고 한 것이야. 다시 말해 볼래?" 등)라는 언어를 사용하면서 반응을 한다고 가정해 보자. 부모가 자녀의 반응에 대해서 한 반응인 "알았어"라는 말을 생각해 보자. 이 말은 자녀가 한 반응이 무엇이었든 자녀가 해 낸 그 아이디어를 부모가 이해할 수 있음을 인정해 주는 언어이다. 또는 "다시 말해 볼래?"라고 할 때도 여전히 자녀에게 자신의 사고를 반성해 볼 수 있는 기회를 제공해 준다. 자녀는 이런 언어를 통해서 부모가 단지 자신이 한 사고의 최종 결과물인 '답'에 관심을 두고 있지 않음을 인식하게 된다. 즉, 이런 언어의 사용은 부모가 자녀의 사고에 관심을 가지고 있음을 알려주는 역할을 하며, 자녀의 사고과정 및 그 결과에 대한 지적 소유권을 자녀에게 주는 것이다. 이는 또한 학습에 대한 책임감이 부모에게 있는 것이 아니라 자기 자신에게 있음을 알려주는 말이다. 이 부분과 관련해서 서형이가 자주 하는 말을 인용하면서 이 절을 마무리하도록 한다.

"아빠, 아빠 말만 하지 말고, 내 생각도 들어봐."

❹ 열린 질문 대 닫힌 질문

부모와 자녀 사이에 그리고 교사와 학생 사이에 학습이 발생하는 장면에서 이들 간에 이루어지는 대화를 분석해 보면 놀랍게도 부모 또는 교사의 닫힌 질문에 대한 자녀 또는 학생의 단답형 답변 일면도의 대화가 오간다는 사실을 확인할 수 있다. 한 번 독자들도 독자와 독자의 자녀와의 대화의 반성을 통해서 이를 확인해 보기 바란다.

이 확인을 돕기 위해서, 먼저 닫힌 질문이 무엇인지 간단히 살펴보자. 닫힌 질문이란 질문을 받은 사람의 반응이 정해져 있는 질문을 의미한다. 예를 들어, 내가 서형이에게 "서형이 아빠가 누구야?" 또는 "서형아, 오늘 무슨 책 샀어?"라는 질문을 했다고 가정해 보자. 첫 번째 질문에 대한 서형이의 대답은 "(나를 가리키면서) 뚱땡이" 할 것이고, 두 번째 질문에 대한 서형이의 대답은 "(오늘 서형이와 내가 서점에 가서) 산 책"으로 정해져 있다. 이런 질문은 질문 받은 사람의 사고과정을 겉으로 표현할 것을 묻는 질문이 아니다. 단지 어떤 사실을 확인하기 위한 질문이다. 일반적으로 닫힌 질문을 하는 목적은 이런 사실 확인 과정을 거쳐서 확인된 사실들에 기초해서 최종적으로 질문자가 의도한 어떤 결론에 도달하는 데 있다. 그런데 불행하게도 피할 수 없는 명백한 사실은 질문 받은 사람은 이렇게 도달된 결론을 이해하지 못할 가능성이 농후하다는 점이다. 왜냐하면 질문 받은 사람 자신이 이끌어 낸 정보들이 아닐 뿐만 아니라 이들 정보들로부터 얻어진 결론 또한 이 질문 받은 사람이 이끌어 낸 결론이 아니기 때문이다. 이런 폐해가 있음에도 많은 사람들이 수업 상황, 즉 무엇인가 새로운 것을 학습해야 하는 상황을 생각할 때, 부모, 교사, 학원 강사, 과외 교사 등 교수자들이 반드시 실천에 옮겨야지만 하는 교육 행위가 바로 이런 '결론 이끌어내기'라고 인식하고 있다는 것은 매우 안타깝다고 하지 않을 수 없다. 이 결론 도출은 학습자가 해야 하는 것이다. 얻어진 자료들로부터 학습자가 결론도출을 할 수 없다면, 유아 또는 초등학생과 같은 나이 어린 학습자들은 이런 결론도출과 같은 지적 행위를 할 수 있는 지적 능력이 없는 것이라고 단정하기보다는 오히려 그들에게 제시한 과제에 문제가 없는 것인지를 먼저 반성해 보아야 하는 것이다. 즉, 문제의 실마리를 교수자인 부모 또는 교사 자신에게서 찾으려는 노력을 해야 하는 것이지, 학습자의 지적 무능으로 치부해서는 문제를 풀어 갈 수 없다.

다시 논의를 본 주제로 돌려서, 다음과 같은 질문들을 생각해 보자. "오늘 선생님이 서형이에게 뭐라고 칭찬을 해 주었을까?", "서형아, 오늘 수학 수업 중에 선생님에게 어떤 질문을 했어?" 이런 질문을 받은 사람은 여러 가지 가능한 답변 중에서 하나를 선택해서 답변을 할 것이다. 이처럼 열린 질문은 질문 받은 사람에게 정해진 반응을 요구하는 것이 아니라 그 사람의 생각을 묻는 질문을 의미한다. 46쪽 (다양성으로서의 수학)에서 설명하였듯이, 동일한 현상, 동일한 대상을 접하더라도 사람들은 저마다의 기저 지식과 사고양식이 다르기 때문에 다른 반응을 하는 것이 일반적이다. 자녀가 한 잠재적 반응들 중의 한 반응으로부터 부모는 자녀의 현재의 이해 수준을 알 수 있고 이를 바탕으로 자녀와 함께 다음 학습을 준비할 수 있기 때문에 부모가 열린 질문을 할 수 있는 능력을 향상시키는 것은 자녀의 수학 교육에서 본질적인 요소 중의 하나라고 할 수 있다.

하지만 우리는 대개 열린 질문을 하는 데 익숙하지 못한 것이 현실이다. 그럼에도 불구하고, 누구나 닫힌 질문을 열린 질문으로 변환하는 시도를 함으로써 부모들은 점차적으로 열린 질문자가 될 수 있다. 독자들이 현재 주어진 상황에 맞는 열린 질문을 던지는 것은 쉬운 과제가 아니다. 이 열린 질문을 할 수 있는 부모 능력의 향상이 자녀의 수학 학습에 지대한 영향을 미친다는 점을 염두에 두어야 한다. 부모가 자녀에게 던지는 질문이 열린 질문인지 반성하고 혹시 열린 질문이 아니라면 어떻게 질문을 던져야 했는지 생각하고 열린 질문자로 거듭나야 한다.

아래에 부모가 자녀와 함께 수학 학습을 하면서 사용할 수 있는 열린 질문 목록이 있다. 물론, 이 목록이 도움이 안 되는 것은 아니다. 하지만, 이런 질문을 던지는 목적이 부모가 자녀의 사고하는 과정을 이해하기 위해서 즉, 자녀가 자신의 사고를 표출할 수 있도록 도와주기 위한 것임을 명심할 필요가 있다. 그런 질문을 자유자재로 던질 수 있기 위해서, 부모는 부모 자신이 던지는 질문이 이런 목적에 부합하는지 그리고 부모의 질문을 받은 자녀가 자신의 사고 과정을 잘 표현하고 있는지를 반성할 필요가 있다. 이런 반성의 과정을 통해서 자신의 발문의 부족한 부분들을 끊임없이 수정함으로써 부모는 훌륭한 열린 질문자로 변신할 수 있다. 따라서 현재의 부모와 자녀가 수학뿐만 아니라 다른 과목을 학습하고 있는 동안에 부모와 자녀 사이에 이루어지는 대화를 조용히 혼자서 고민해 보시고, 부모인 나 자신의 발문이 열린 발문인지 닫힌 발문인지 판정해 보기 바란다. 그리고 일상생활 속에서 자녀에게 던지는 부모의 언어도 많은 가능성을 열어 두고 있는지 가능성이 한두 가지로 제한되어 있을 뿐만 아니라 자녀가 해야 하는 것이라고는 그 한두 가지 중 하나를 선택하는 것뿐인지 고민해 보기 바란다. **부모의 변화 없이 자녀의 변화를 기대할 수 없음은 명약관화하다.**

- 부모가 자녀와 수학 학습을 하면서 사용할 수 있는 열린 질문들
- 서형아, 어떻게 한 것이야?
- 서형아, 네가 이것(답)을 구한 방법을 설명해 줄 수 있어?
- 서형아, 이 문제를 어떻게 풀 수 있을까?
- 서형아, 왜 이 방법을 사용한 것이야(어떻게 이렇게 할 수 있었어? 서형이가 사용한 방법을 설명해 줄 수 있어)?
- (이전에 사용하던 방법과 다른 방법을 사용했으면) 서형아, 어떻게 이런 방법을 사용하려고 생각한 것이야? 또는 (전에 사용하던 방법을 설명해 주며) 서형아, 이 방법과 지금 사용한 방법이 같은 것이라고 생각해? 다른 것이라고 생각해? 왜 그렇게 생각할 수 있는 것이야?
- 서형아, 다른 방법으로 해 볼 수 있겠어?
- 서형아, 그럼 다음에는 무엇을 해야 할까?

- 서형이가 한 말이 맞는다는 것을 설명할 수 있겠니?
- 지금까지 한 것 설명해 봐.
- (우리가 얻은 자료, 우리가 지금까지 한 것 등으로부터) 알 수 있는 것이 무엇이야?
- 이것(자녀가 한 반응)은 무슨 뜻인데?
- 여기서 무엇을 할 수 있을까?

위의 질문을 부모가 숙지하고 있으면, 분명히 자녀와 수학 학습을 하는 중에 열린 질문을 적재적시에 할 수 있을 것이다. 하지만 이것으로 충분하지는 못하다. 앞서 진술한 것처럼 **부모는 열린 질문을 하는 목적을 충분히 인지하고 직면한 상황에서 자녀의 사고를 자녀가 표현하도록 질문할 수 있는 융통성을 발달시켜야 한다.**

❺ 자녀가 오류(오반응 및 실수 포함해서)를 보일 때 부모의 반응

자녀가 무엇이든지 새로운 지식을 학습하는 과정에서는 오류가 발생할 수밖에 없음에 대해서 'chapter 01. 4. ❷ 오류는 지식 구성 과정의 부산물이다'에서 논의하였다. 'chapter 01. 4. ❷'에서 이런 자녀의 오류에 대한 부모의 대처 방법

중 몇 가지에 대해서는 언급하였지만, 보다 체계적으로 이에 대해서 살펴볼 필요가 있어서 따로 한 절을 설정하였다.

오류는 학습자가 형성하고 있는 논리 자체에 문제가 있음을 의미하는 것으로 이는 이후 학습의 장애요인으로 작용할 수 있으므로, 부모는 자녀가 이를 수정할 수 있는 기회를 제공해 주어야 한다. 다음의 예를 통해서 오류가 무엇인지 살펴보도록 하자.

$$\begin{array}{r} 27 \\ -\ 18 \\ \hline \end{array}$$

이런 뺄셈 문제에 대해서 어떤 아이는 '9'라고 답할 것이고, 어떤 아이는 '11'이라고 답할 것이고, 어떤 아이는 '18'이라고 답할 것이고, 어떤 아이는 '7'이라고 답할 수 있을 것이다. 아이들이 '9'라는 정반응을 내기까지의 사고과정도 아이마다 다를 수 있다. 예를 들어, 20에서 10을 빼고, 남은 10에서 8을 더 빼고, 여기서 남은 2와 7을 더해서 '9'를 구할 수 있다. 어떤 아이는 8을 1과 7로 나누어서 7만 먼저 빼고, 20에서 나머지 1을 더 빼서 19를 만들고 나머지 10을 더 빼서 '9'를 얻을 수 있다. 지금은 이런 합리적인 다양한 방법에 관심이 있는 것이 아니기 때문에, 나머지 반응들에 대해서 자세히 살펴보도록 하자. '11'이라고 대답한 아이는 선생님이 이전의 수업 중에 한 "뺄셈을 할 때는 큰 수에서 작은 수를 빼는 것이야"라는 말을 자신의 논리로 적용하고 있는 것이다. 그래서 8에서 7을 빼서 1을 적고, 2에서 1을 빼서 1을 적었다. 이 아이에게 35-27을 물으면 12라고 답할 것이다. '18'이라고 대답한 아이는 "27에서 8을 빼면 19이고, 19에서 1을 더 빼면 18이다"라고 나름의 논리를 가지고 뺄셈을 한 것이다. 이 아이는 18의 '1'이 1이 아니라 10을 의미한다는 사실을 잊고 있었던 것이라고 볼 수 있다. 어떤 아이는 27을 11과 16으로 가르기를 하고 18을 10과 8로 가르기를 한 후 11에서 10을 빼서 '1'을 구하고 16에서 8을 빼서 '8'을 구한 다음 구한 두 값 '1'과 '8'을 놓인 순서대로 읽어서 '18'이라고 답을 할 수도 있다(1과 8을 더해서 9라고 답해야 옳은 답을 구할 수 있다. 아래 뺄셈식 참고).

이런 반응, 즉 십의 자리의 수를 십의 자리 값으로 인식하

27	11	16
− 18	10	8
	1	8

지 못하고 일의 자리 수로 인식해서 오반응을 보이는 것은 1학년 및 2학년 학생들 중 일부 학생들에게서는 흔하게 나타나는 현상 중의 하나이다. 어찌 되었건 간에 이런 두 유형의 실수는 학습자 나름대로의 논리를 포함하고 있기 때문에 이들에게 또 다른 뺄셈 과제를 제공하면 유사한 결과를 얻을 수 있을 것이다. 이런 반응을 '오류'라고 한다. 하지만, '7'이라고 반응한 아이의 경우는 어떠한 논리 없이 '7'이 나왔다고 가정을 할 때, 이런 것을 우리는 '실수'라고 한다.

위의 예에서 볼 수 있듯이, 우리는 자신이 알고 있는 논리를 바탕으로 사고한다. 그런데 이 논리가 잘못되었다고 하면 이 논리를 사용하는 자의 사고결과는 잘못된 결과를 도출할 수밖에 없다. 먼저, 자녀가 새로운 지식을 구성해 가는 과정에서 오류를 보이는 것은 당연한 현상임을 부모는 인정할 필요가 있다. 이를 인정하지 아니하고, 부모가 "아니, 우리 애는 왜 이렇게 비합리적인 생각을 하는 것이야?"라고 생각하면, 부모와 자녀 사이의 학습 활동은 이어가기 어렵다. 이런 생각은 자연스럽게 부모의 생각을 자녀에게 전달해 주려는 행위로 이어질 것이다.

이와 같은 행위는 부모, 과외 교사와 같은 성인이 어린 자녀에게 지식을 전달해 주는 것이 학습이라는 관점에서 이루어질 수 있는 행위임에 틀림없다. 반면에, 자녀 스스로 수학 지식을 구성할 수 있는 지적 능력을 갖춘 인격체임을 인정하는 부모가 이런 상황에서 어떤 반응을 보여야 하는지에 대해서 살펴보도록 하자. 여기서 제시하는 행위들의 누적이 자녀가 스스로 수학 지식을 구성해 가는 자기주도적 학습자로 성장해 갈 수 있는 초석을 다지는 역할을 해 줄 것이다.

자녀가 보인 오반응을 수정하는 가장 쉬우면서도 효과적인 접근 중의 하나는 자녀에게 자신이 보인 반응을 다시 검토해 보게 하는 것이다. 즉, 자녀가 오반응을 보였을 때, 부모는 "네가 한 것을 설명해 줄래?"라고 자녀에게 요청하는 것이다. 이 요청만으로도 대부분의 오반응은 수정될 수 있다. 자녀가 자신의 한 일련의 과정들을 검토하는 과정에서 스스로 오류가 있는 부분을 발견할 것이고 이를 수정할 수 있다. 자녀의 오반응이 주어진 문제 상황에 대한 불충분한 이해에 기초한 것이라고 판단되면, 자녀와 함께 주어진 문제 상황을 다시 한 번 검토한 후 자신이 이해한 것과 자신이 이미 해 놓은 것이 일치하는지를 확인할 것을 요청하면, 대부분의 경우 자녀들은 이 불일치를 인식하고 수정한다.

또한, 인간은 자신이 한 것은 옳다고 믿는 경향이 있는데, 어린 자녀들의 경우 자신이 한 반응이 오반응임에도 불구하고 이것이 옳다고 굳게 믿는 경향이 있다. 왜냐하면, 자녀는 자녀 나름대로 논리를 가지고 행동을 했기 때문에 이것을 옳다고 믿는 것이다. 이런 경우에는 여러 가지 접근이 가능하다. 한 가지는 이 비논리의 근거가 무엇인지 검토할 필요가 있다. 다음의 서형이와의 일화를 보도록 하자. 어느 날 나는 서형이가 미국에서의 초등학교 1학년 생활을 잘 하고 있는지 알아보기 위해서, "교실에서 친구들하고 잘 지내고 있어. 친구들이 영어 못한다고 놀리지 않아?" 하고 서형이에게 물었다. 서형이는 "잘 지내고 있어."하고 말했다. 나는 "친구들이 하기 싫은 것 하자고 하면 어떻게 해?"라고 물었다. 서형이는 "친구들이 하는 말 잘 들어줘"라고 말했다. 나는 "친구들이 하는 말이 나쁜 말이라도 잘 들어줘?"라고 다시 물었다. 서형이는 "엄마가 친구들이 하는 말 잘 들어 주어야 착한 어린이라고 했어. 친구들 말 잘 들어주는데"라고 말했다. 나는 서형이에게 "서형아, 친구들이 하는 말을 들어 주는 것이 좋은 친구가 아니고, 서형이가 생각해서 친구들이 하는 말이 좋은 말이면 들어주고, 친구들이 하는 말이 나쁜 말이면 들어주면 안 돼. 서형이가 생각해야하는 것이야. 혹시라도 나쁜 말이면, '안 돼', '싫어', '나쁜 짓이야'라고 말해야지"라고 했다. 이처럼 아이들은 나름대로의 판단 기준이 있는데, 이 아이들이 판단기준으로 사용하는 것은 대부분 성인들이 아이들에게 알려 준 것이다. 따라서 뺄셈은 큰 수에서 작은 수를 빼는 것이라는 선생님의 말이 의도하지 않은 오개념, 오류를 아이들에게 불러일으킬 수 있듯이, 부모들이 무심코 던지는 말들 중에는 서형이 엄마가 한 것처럼 잘못된 의미를 담고 있는 말들이 있음을 우리는 부정할 수 없다.

또 다른 접근은 자녀에게 옳은 반응을 보여 주는 것이다. 학교 상황에서는 누군가 한 친구는 옳은 반응을 할 것이기 때문에 학교 상황에서는 표준적인 방식이 아니더라도 반응자 나름대로의 논리를 가진 옳은 반응이 주어지게 된다. 자녀와 함께 수학을 학습하는 상황에서는 이런 옳은 반응을 제공하는 역할을 부모가 해 줄 수 있다. 물론, **이때 부모가 제시하는 방법은 부모가 생각하기에 가장 간편한 방법을 제시하는 것이 아니라 부모의 자녀학습발달사를 토대로 자녀가 충분히 이해할 수 있을만한 그런 방법을 제시해 줄 필요가 있다.** 부모 입장에서 자녀가 쉽게 이해할 만한 방법을 제시했는데 자녀가 이것을 이해하지 못한다 하더라도 자녀에게 이해할 것을 압박해서는 안 된다. 자녀가 생각한 방식과는 다른 방식으로 주어진 상황을 해결하려는 시도를 할 수 있음을 자녀가 인지하는 것만으로도 좋은 학습 경험이고, 자신의 아이디어와 타인의 아이디어를 비교하는 학습 경험만으로도 충분한 학습 효과가 있다. 자신이 이해하지 못한 자신의 방법을 자신이 한 단계 한 단계 반성하듯이, 부모가 제시한 방법도 한 단계 한 단계 자녀가 설명할 수 있도록 하는 것이 필요하다. 물론, 부모가 제시한 방법을 이해하면 더 좋지만 말이다.

또한, 아이들은 자기중심적 사고를 하는 경향이 있다. 즉, 다른 사람들도 자신들과 같은 방식으로 사고할 것이라고 생각하는 것, 그리고 다른 사람들도 자신이 겪은 경험과 같은 경험을 하였을 것이라고 생각하는 것을 자기중심적 사고라고 한다. 이런 사고는 유아에게서 특히 빈번하게 나타나고 이론적으로 성인이 되어감에 줄어든다고 한다. 하지만, 이런 사고 양식이 저절로 쇠퇴하는 것은 아니다. 심지어 성인들에게서도 자기중심적 사고로 인한 사고 오류가 자주 발생하는데, 우리들이 이 자기 중심적 사고에서 벗어날 수 있는 지름길이 있다. **그것은 다름 아닌 서로 다른 관점을 가진 사람들이 자신들의 관점들을 표현하고 이 서로 다른 관점들에 대해서 이야기를 하면서 자신의 기존의 관점을 정교화함과 동시에 이들 서로 다른 관점들에 대해서 이해하고 더 나아가 할 수만 있으면 이들 관점들로부터 새로운 관점을 얻는 통찰까지 경험하는 것이다.** 그런데 유감스럽게도 우리는 학교교육을 통해서 이렇게 관점의 교환이라는 것을 해 본 경험이 희소하기 때문에, 성인이 되었음에도 여전히 자기중심적 사고를 하는 성인들을 자주 목격할 수 있다.

5

전통적인 수학 수업의 폐해

실제 경험의 과정과 교육 사이에는 밀접하고도 긴밀한 관계가 있다.
John Dewey, 경험과 교육 중에서

시대가 바뀌면 그 시대에서 요구하는 인간을 육성할 수 있는 교육을 실천에 옮길 수 있어야 한다. 즉, 농경시대에는 '농경시대'에 맞는 인간을 육성해야 하고, 산업시대는 '산업시대'에 맞는 인간을 육성해야 하고, 과학시대는 '과학시대'에 맞는 인간을 육성해야 한다. 물론 교육을 통해서 현재 사회보다 미래 사회를 이끌어갈 인재 양성도 소홀히 해서는 안 된다. 어쨌든, 현재 우리가 살고 있는 시대는 전대미문의 '지식기반사회'라고 하고 앞으로 다가 올 시대를 '지식융합사회'라고 한다. 이처럼 신천지에 농경사회, 산업

사회, 과학시대에 어울리는 교육방식을 그대로 적용해서는 우리가 세계인으로서 도태할 수밖에 없다는 것은 자명한 사실일 것이다.

과학시대의 교육의 기본 목표는 기하급수적으로 발생하는 많은 새로운 지식을 가능한 한 많이 학습자들에게 전달해 주어서 학습자들이 그들의 지식을 자신들의 삶에 응용하는데 있었다고 할 수 있다. 그런데 우리가 살고 있는 지식기반사회는 이런 능력만으로는 충분하지 못한 사회이다. 이런 능력을 바탕으로 즉, **자신들이 이해한 많은 지식을 바탕으로 새로운 지식을 생성해 낼 수 있는 능력을 요구하는 사회가 바로 지식기반사회이다.** 따라서 이런 능력은 많은 지식을 가지고 있다고 해서 저절로 발생하는 것이 아니라, 많은 지식을 학습하는 과정에서 동시에 발달시켜야 하는 능력이다. 그런데 전통적인 수업 방식으로는 이런 능력을 발달시킬 수 없기 때문에 새로운 수업 방식에 대한 연구가 활발한 것이고, 그중 한 가지가 본서에서 제공하는 방식이다.

이 책의 곳곳에서 언급하는 전통적인 수업 방식의 폐해를 한마디로 축약하자면 지적 타율성의 발달이다. 즉, 주어진 아이디어 또는 자신이 생성해 낸 아이디어의 참과 거짓에 대한 판단을 자기 스스로 하는 것이 아니고 제삼자에게 의탁하는 것이다. 예를 들어, 교사가 학생들에게 문제를 풀라고 하고, 학생들이 푼 풀이과정을 관찰하고 있을 때 자주 들을 수 있는 학생들의 반응이 "선생님, 맞아요?" 또는 "어떻게 해야 해요?", "답이 뭐지요?", "모르겠어요. 설명해 주세요." 등의 반응이다.

어린이들의 지적 자율성이 아닌 지적 타율성을 극대화시키는 교육장면은 바로 문제집의 문제를 푸는 것, 정답을 얻도록 하기 위해서 보상과 처벌을 사용하는 것, 어린이의 사고의 옳고 그름의 판단을 어린이 자신이 하는 것이 아니라 교사나 부모가 하는 것 등에서 목격될 수 있다.

부모는 학생에게 "나도 수학을 할 수 있다"는 자신감을 주고 학생도 이런 자신감이 생겨났을 때 이런 현상은 사라진다. "나도 수학을 할 수 있다"는 자신감은 자녀 스스로 이해했을 때 가장 잘 생겨난다. 그리고 자녀가 자신이 이해한 것을 말과 글 그리고 그림, 구체물 등과 같은 다른 표현수단들을 이용해서 표현할 수 있을 때 생겨난다. 또한, 이 자신감은 자신이 많은 것을 알고 있음을 인식하고 이를 표현할 수 있을 때뿐만 아니라 자신이 모르고 있는 것을 스스로 이해할 수 있는 지적 능력이 있음을 인지할 때 보다 잘 드러난다. 그런 점에서 보더라도 자녀가 스스로 수학을 이해할 수 있는 학습 환경을 부모는 조성할 필요가 있다.

CHAPTER

02

수학 학습 환경이 풍부한 가정
조성하기

1

수학에 대한 부모의 태도 재조성하기

지락은 막여독서요 지요는 막여교자이니라
至樂은 莫如讀書요 至要는 莫如敎子이니라
명심보감 훈자편

    독자들은 TIMSS(Trend International Mathematics and Science Study)와 PISA(Programme for International Student Assement)와 같은 국제수학학력검사에서 우리나라 학생들이 수학에서 매우 우수한 성적을 거두고 있음은 각종 미디어를 통해서 자주 접하고 있을 것이다. 그런데 이들 검사에서 밝혀진 불편한 진실 중의 하나가 우리나라 학생들이 수학을 잘하기는 하는데 수학을 싫어한다는 사실이다. 이 사실은 아마도 독자들에게도 적용될 수 있을 것이다. 독자들의 초·중·고등학교 수학 수업시간의 경험들을 상기해 보기 바란다. 아마도 독자들 중 다수의 기억은 수학 수업을 받는 것이 즐거운 기억이 아니었을 것이다. 또한 많은 학생들의 수학 학업 성취도가 좋지 못했던 것도 사실이다. 자녀와 함께 수학 학습을 해야 하는 부모가 수학을 좋아하지 않고 수학을 잘 모르고 있다는 부정적인 태도를 보이면 자녀 또한 수학 학습에 대해서 부정적인 태도를 형성하게 될 가능성이 있다.

이 시점에서 부모들이 분명하게 인식해야 할 사실이 하나 있다. 물론, 이에 대해서는 이미 언급을 한 것이기는 하지만, 그것은 바로 "자녀가 학습하는 수학이 부모가 초등학교에 다니면서 배운 수학과는 다른 수학이다"라는 사실이다. 내가 연구년으로 미국에 와 있는 관계로 1학기가 9월에 시작하는 미국의 교육제도로 인해서 서형이는 지금 미국 뉴욕시 브룩클린에 있는 한 초등학교에 재학 중이다. 그런데 서형이 엄마가 서형이의 1학년 수학을 돌봐주기가 쉽지 않다고 수학은 내가 살펴달라고 한다. 왜냐하면 현재 미국 뉴욕시에서 사용하는 초등수학교과서는 "Everyday Mathematics⁺"

+ 미국의 경우, 각 교과서마다 고유의 책명이 있다.

라는 수학교과서인데, 이 수학교과서는 우리나라뿐만 아니라 많은 나라에서 사용하는 전통적인 수학교과서와는 다른 관점으로 수학 학습을 접근하고 있기 때문이다. 지속적으로 언급하고 있는 것이지만, 이런 문제점은 수학 학습은 자녀의 수학 이해와 함께 한다는 생각을 염두에 두면서 자녀의 수학 학습을 살펴주면 해결될 수 있을 것이다.

자녀와 함께 수학을 학습하면서 부모는 다음과 같은 태도를 보이는 것이 필요하다. 첫 번째, 가능한 한 열정을 보인다. 이 열정은 자신의 그리고 자녀의 학습, 즉 이해에 대한 열정이다. 참고서 사주고 과외 선생님 붙여주고, 유명학원 찾아주는 열정이 아니라, 자녀학습나이를 자녀와 함께 먹어가면서 발생하는 열정이다. 부모가 제시한 과제, 문제, 상황에 대해서 자녀가 어떤 반응을 보일지, 자녀에게 어떤 과제, 문제, 상황을 제시할 것인지, 자녀의 수학 학습사를 추적해 가기 등 끊임없이 자녀의 수학 이해에 대한 관심을 가지는 것이 열정이다. 두 번째, 지적 희열을 즐긴다. 서형이는 아빠하고 수학을 하는 것은 즐거운 시간을 보내는 것이라고 생각하고 있다. 이것은 수학 학습이 자신이 즐거워

하는 것이기 때문에, 다시 수학을 하자고 제안하는 사람이 내가 아니라 서형이 자신이 된다. 이 보다 더 좋은 결과는 없을 것이다. 지금까지 언급하였듯이, 이런 결과는 서형이의 사고 과정을 존중해 주고, 서형이와의 수학 학습 과정의 중심에 서형이 자신의 사고가 있었기 때문에 가능한 것이라고 판단된다. 세 번째, 부모는 초등학교 수학을 다시 학습할 필요가 있다. 지금 이 시점에서, 다시 말해서 자녀가 미취학 연령일 때 자녀의 수학 학습에 대해서 고민을 하는 것은 결국은 자녀의 초·중·고등학교 더 나아가 대학에서의 자녀의 학습에 대한 고민이 있기 때문일 것이다. 자녀가 초·중·고등학교에 다닐 때는 이미 늦다. 물론 늦었을지언정 어느 때라도 시도하지 않는 것보다는 나을 수 있겠지만 말이다. 부모가 학교를 다니면서 배운 그 수학은 두려움의 대상이었을는지 몰라도 이제 성인이 된 시점에서 그 학교 수학이라는 것은 두려움의 대상은 아니다. 왜냐하면, 부모들은 수학 학습의 한 중요한 준비 요소인 사고력을 살면서 나름대로 터득하였기 때문이다. 미국에서 학습능력이 처지는 대학생들을 대상으로 위의 방식을 적용한 수업의 결과는 이 수업을 받은 거의 모든 학생들이 수학을 스스로 할 수 있었다는 것이다. 이 부분이 중요한 것은 부모가 수학을 학습하면서 자신이 이해한 것을 자녀에게 전달할 목적에서가 아니라, 적절한 시기에 적절한 과제를 자녀에게 제시하기 위해서는 부모가 자녀가 학습해야 할 수학적 지식들의 상호관계를 파악하고 있어야 하기 때문이다.

2

상벌주기

상벌은 자녀의 (지적) 행위와 관련 있어야 한다.

Constance Kamii

　보편적인 초등학교 1학년 교실에서 교사와 학생 사이에
발생할 수 있는 행위 중의 하나가 상벌주기이다. 이 학교에
서 상벌주기에 대해서 많은 교사 및 많은 부모는 당연시하
고 있다. 그리고 부모들은 가정에서 자녀를 교육하는 과정
에서도 이 상벌주기를 당연시할 뿐만 아니라 빈번하게 사
용한다. 그런데 이 상벌주기가 자녀에게 어떤 의도하지 않
은 결과를 가져오며 또한 이 상벌주기 없이 교육할 수 있는
방안을 모색해 보기로 한다.
　현시대의 많은 수학교육전문가가 추천하지 않는 방법임

에도 불구하고 행동주의 심리학을 반영한 교육을 오랫동안 실천해 오면서 우리도 모르는 사이에 무의식적으로 옳은 양 수용되고 있는 다음의 상황으로부터 논의를 전개해 보도록 한다.

다음은 시험을 앞 둔 자녀와 부모 사이의 있음직한 대화의 일부분이다.

> 부모: 다음 주에 중간고사 있지. 수학 시험에서 90점 이상 맞으면 뭐 해 줄까?
> 자녀: 90점 이상 맞으면, 유명상표 운동화 사 주세요.
> 부모: 네가 90점 이상만 맞으면 유명상표 운동화가 아니라 OOO도 사준다. 점수만 잘 맞아라.
> 자녀: 약속 꼭 지켜주세요.

아마도 자녀와 부모 사이에 이런 패턴의 대화는 흔하게 발생할 것이다. 자녀가 90점 이상을 받았을 때 약속한 OOO을 사 주는 경우와 90점 이하를 받아서 OOO를 사 주지 못하는 경우(아마도 대부분의 부모는 90점 이상의 점수를 못 받아도 OOO를 사 줄 것이다)에 대해서 생각해 보자. 먼저, 90점 이상을 받지 못해서 정해진 보상을 받지 못하는 경우에 대해서 살펴보도록 하자. 아마도 자녀와 부모 사이에 설정한 목표치는 자녀가 성취하기 쉽지 않은 목표치를 설정하는 것이 일반적이다. 그렇다면 자녀의 불성취의 누적은 자녀에게 수학 학습에 대한 자신감을 감소시킬 것이고 점점 더 수학을 멀리하는 성향을 갖도록 해 줄 것이다. 한편, 90점 이상을 받아서 약속을 지키기 위해서 OOO을 사 주는 것은, 자녀가 열심히 공부를 하였고 부모는 이런 자녀의 노력에 대해서 보상을 해 주는 것이므로 겉보기에는 아무런 문제가 없어 보인다. 하지만 자녀가 이런 보상에 익숙해짐에 따라서 자녀는 점차적으로 이해를 위해서 학습하는 것이 아니라 보상을 받기 위해서 학습하는 보상의 노예로 전락하고 말 것이다. 즉, 보상이 없으면, 아니 보상이 있더라도 자녀의 기대에 미치지 못하는 보상이면 자녀는 진심으로 수학을 이해하기 위해서 공부를 하지 않으려고 저항을 할 것이다.

그러므로 **우리가 고민해야 하는 것은 바로 상과 상을 받을 만한 행위 사이에 어떤 연관성이 있는가 하는 점이다.** 위의 경우에, 단지 결과만에 초점을 맞추고 있기 때문에 자녀의 지적 노력과 OOO의 구입 사이에는 특별한 연관성이 없다. 오히려 자녀의 지적 노력의 과정에 초점을 맞추어서 주어진 문제들을 어떤 사고를 활용해서 풀었는지를 살펴보는 등의 반성의 시간을 가짐으로써 부모는 자녀의 사고를 공유할 수 있는 시간을 갖고 이로부터 자녀와 함께 지적 희열을 같이 할 수 있다. 앎의 재미를 느낀 자녀는 그 어떤 유혹으로부터도 유혹당하지 않을 것이다. 부모가 해 줄 수 있는 것은 자녀가 자신이 이해한 것을 토대로 지적 희열을 즐기는 풍토를 마련해 주는 것이다. 이 지적 희열이야말로 가장 큰 보상이다.

3

부모의 자녀학습나이 먹기

교학상장敎學相長
예기 학기편

학습은 이미 배운 자가 모르고 있는 자에게 배운 자가 알
고 있는 것을 설명해 주는 것이 아니라, 모르고 있는 자가
자신이 모르고 있는 것을 자신 나름의 방식으로 이것을 이
해해 가는 과정이다. 이때 이미 알고 있는 자의 중요한 역
할은 모르고 있는 자가 스스로 알아 갈 수 있도록 도움을
주는 조력자 및 촉진자의 역할을 하는 것이다. 그런데, 이
는 부모와 자녀가 함께 시간을 보내는 것을 전제로 한다.

따라서 부모의 자녀학습나이 먹기에 대한 논의에 앞서서
나 자신이 서형이와 학습 시간을 갖기 위해서 그 시간을 낸

방법을 살펴볼 것인데, 이것이 독자가 독자 나름대로 자녀와의 학습 시간을 마련할 수 있는 방법을 찾는 데 도움이 되기를 바란다. 학습 시간이란 단지 같은 공간에 부모와 자녀가 있으면서 서로 다른 일에 관심을 보이는 것을 의미하지 않는다. 예를 들어, 자녀는 책을 보고 있는데 부모는 텔레비전을 보고 있다면, 부모와 자녀는 같은 공간에서 다른 세상을 살고 있는 것이다. 공유는 없는 것이다. 책을 보고 있는 자녀를 생각해 보자. 어린 자녀는 그저 그림을 볼 뿐, 그 책으로부터 해야 할 사고는 하지 못하는 것이다. 부모가 함께해야 하는 분명한 이유가 여기에 있는 것이다. 서형이가 비교적 나름대로 지적 능력을 향상시켜 갈 수 있었던 것은 바로 나와 서형이 엄마의 이런 노력 때문이다. 우리 부부는 서형이가 그림을 그리거나, 책을 읽거나, 게임을 하거나, 놀이를 하거나 가급적 같이 해 준다. 그런데 자녀에게 비디오 틀어 주고 자신은 다른 일을 한다고 하는 부모들이 있는데, 우리 부부는 가급적 어린이용 비디오를 함께 시청하고 그 비디오 내용 중 서형이가 관심 있게 본 내용에 대해서 이야기를 하기도 하고 비디오 보는 중에 서형이가 궁

금해 하면서 물어오는 것에 대해서 이야기를 한다. 물론 이렇게 하는 것이 쉽지 않다. 현시점에서 육체적으로 정신적으로 피곤한 것은 사실이지만, 이런 행위들이 궁극적으로는 서형이가 올바르게 성장해 가는 데 도움이 될 것이다.

대학교수는 일반적으로 정해진 출퇴근 시간이 없지만, 나는 평상시 아침 9시부터 저녁 6시까지 연구실에서 내 업무, 즉 연구와 강의를 위한 작업을 한다. 그리고 일주일에 한 번 정도 야간에 교육대학원 강의를 한다. 주중 또는 주말에 특강이나 연수 등이 간혹 있다. 그리고 주로 주말에 회의 및 학술대회 등에 참가한다. 일반인들은 사실적으로 이런 일정 속에서 자녀와 학습시간을 내는 것은 불가능하다고 생각할는지 모른다. 왜냐하면, 퇴근 후 저녁 식사하면 8시는 되고, 나 자신도 휴식을 위한 시간이 필요하고, 어린 자녀는 일반적으로 9시 내지는 10시 이전에 잠을 자야 하기 때문이다.

많은 부모가 학습을 규칙적으로 하는 것이 좋지 않겠는가 하고 생각한다. 아마도 그렇게 생각하면서 그렇게 실천할 수 있으면 그렇게 하면 좋을 것이다. 그러나 많은 부모와 마찬가지로 나의 상황은 그렇지를 못하다. 그렇기 때문에 자녀와의 학습시간을 확보하려는 노력을 하지 않으면 안 될 것이다. 약간의 노력을 하다가 자신이 계획했던 대로 실천에 옮겨지지 않는다고 해서 포기할 것이 아니라 나에게 주어진 상황에 맞게 나의 계획을 변경하려는 태도를 갖는 것이 바람직하다. 어떤 이유가 되었건 간에 내가 처한 상황, 아이가 처한 상황, 내 가정이 처한 상황은 변한다. **그 변한 상황에 맞게 나의 자녀에 대한 학습 태도도 함께 변해야 하는 것이다. 많은 주변 상황이 변했음에도 내가 초기에 세운 계획을 고집하는 것을 바람직하다고 생각하는 사람은 없지 않을까 싶다.** 즉 경우에 따라서는 최선책이 아닌 차선책을 택할 수도 있어야 할 것이다. 부모가 생각하는 최선책을 실천에 옮길 수 없다고 해서 그 상황에 대한 불평만 하고 다른 방법을 찾지 않는다면, 자녀는 자녀가 처한 환경에서 받을 수 있는 최선의 교육을 받을 기회를 상실하는 것과 다름없음이다.

우선적으로 나는 아내와 상의해서 서형이가 말을 막 할 무렵에 집에 있던 텔레비전을 없앴다. 이렇게 한 가장 큰 목적은 서형이와 함께 할 수 있는 시간을 확보하기 위해서였다. 대부분의 가정에는 텔레비전이 있으니, 텔레비전으로 인해서 발생하는 상황들의 손익계산서를 검토해 보기 바란다. 독자들도 한 번 텔레비전 없는 세상을 그리고 가정을 상상해 보기 바란다. 독자들이 생각하는 것 이상으로 많은 가정이 (물론 절대적인 수는 적지만) 텔레비전 없이 그들의 삶을 살아간다. 우리는 이익보다는 손해가 더 크다는 결론에 이르렀고 과감히 텔레비전을 처분하였다. 처음 약 한 달간은 텔레비전이 있다가 없음으로 인해서 텔레비전을 보면서 보내던 시간을 어떻게 활용해야 할지 막막하였다. 하지만, 곧 우리는 자연스럽게 대화할 수 있는 시간, 책을 읽을 수 있는 시간, 함께 활동할 수 있는 시간을 확보할 수 있게 되었다.

자녀가 '아빠, 수학하자' 하고 부를 때는 무엇을 하고 있던 중이라도 접고 자녀와 함께 수학 학습을 한다. 이는 시간을 매우 효과적으로 효율적으로 활용할 수 있는 기회이다. 왜냐하면, 자녀 스스로 학습을 하자고 한 것이기 때문이다. 내가 서형이와의 다음 일화를 대구교대 학생들에게 소개할 때마다 학생들은 놀란다. 어느 날, 저녁 식사 후 거의 8시 30분쯤 되었을 때, 서형이가 유치원 수학 책+을 꺼내어 와서 "아빠, 이 책 나하고 하자"고 하였다. 한 쪽 한 쪽 수학 학습을 하다 보니 어느 덧 9시 30분이 지났다. 나는 "서형아, 이제 그만하고 자자"라고 말을 했지만, 서형이는 "조금만 더 해. 재미있다"라고 했다. 그러면서 어깨를 쭉 펴면서 기지개를 펴고 한 시간 가량을 더 수학 학습을 했다. 아직 5살도 안 된 아이가 2시간 넘게 수학을 학습하고 그것도 즐겁게 수학 학습을 할 수 있다는 것이 상상가능한 일이 아니지만 이런 상황이 발생했다. 대부분의 엄마는 자녀가 즐거운 놀이를 하는 동안에는 1시간이든 2시간이든 몰입해서 엄마를 성가시게 하지 않을 때가 있다는 것을 자주 느꼈을 것이다. 수학 학습도 아이들에게 즐거운 놀이가 될 수 있다. 그들이 이것을 즐겁다고 느끼면 말이다. 이 즐거움은 그들이 하는 사고를 존중해 줄때 발생한다. 절대로 부모가 설명해 주는 설명을 듣는 과정에서는 이런 즐거움은 발생

+ 우리나라는 아직 유치원이 공교육 체제 속으로 편입되지 않아서 유치원생용 수학책이 개발되지 않지만, 미국의 경우는 유치원부터 의무교육을 실시하기 때문에 유치원생용 수학책이 있다. 앞서서도 이야기했듯이, 거실에 텔레비전이 없기 때문에 우리 집 거실 양면은 책장으로 장식되어 있다. 이렇게 거실에 책장이 있음으로 해서 책장의 아래쪽에는 서형이 책들이 있고 위쪽에는 내 책들이 있다. 비록 이 책이 영어로 되어 있기는 하지만, 어차피 한글로 되어 있다고 하더라도 이 시기의 서형이는 한글을 모르기 때문에 내가 이 수학책에 있는 지문들을 설명해 주어야 하는 상황이다.

하지 않는다.

장거리 이동 중 자녀와 함께 보낼 수 있는 시간을 확보할 수 있다. 나는 직장 때문에 대구에 살고 있고, 서형이 할아버지는 서울에 살고 있다. 할아버지, 할머니의 손자 손녀 사랑은 그 어느 것과도 비교할 수 없을 정도라고들 하는데, 서형이 할아버지 할머니도 그러하신다. 서형이의 사촌 오빠인 주형이가 태어나자마자 서형이 할아버지는 하루에 한 갑 반에서 두 갑씩 피우시던 담배를 "딱!" 금연하셨다. 어쨌든 우리 가족은 한 달에 한 번 정도는 이런 저런 일로 서울에 가는데 KTX나 승용차를 이용한다. 이때도 좋은 소재를 많이 만들어 낼 수 있는 상황을 제공해 준다. 여행 중 이동 시간 또한 좋은 학습 시간이 될 수 있다. 이 학습 시간은 부모와 자녀가 함께 마련하는 것이다.

이처럼 자녀와 함께할 수 있는 시간을 마련하고 이 책의 곳곳에서 소개하고 있는 것과 같은 일상생활 속 소재들을 바탕으로 자녀와 함께 자녀가 이들 상황 속 수학 소재에 대해서 이해하는 방식에 대해서 귀 기울여 듣기를 즐기면, 부모는 자연스럽게 자녀가 수학적 이해를 발달시켜가는 지적 과정을 자녀와 함께 공유할 수 있다. **이 공유의 정도가 부모의 자녀학습나이이다.** 자녀가 특정한 시험에서 100점을 받았는지 60점을 받았는지 아는 것으로 자녀가 수학적 대상을 이해해 가는 사고 과정을 알 수는 없다. 부모와 자녀 사이의 대화의 중심에 서야 하는 것은 바로 자녀가 주어진 수학적 상황에 대해서 어떻게 이해를 하고 이것을 해결하기 위한 어떤 전략을 제안하고 자신이 세운 전략을 어떻게 실천에 옮기고 얻은 결과에 대해서 반성할 때 자녀가 하는 자녀의 사고인 것이다.

이 나이, 즉 부모의 자녀학습나이는 다른 누군가가 대신해 먹어 줄 수 없다. 부모인 나만이 할 수 있는 것이다. 그리고 이 나이는 자녀 성장과 함께 지속적으로 먹어가야 하는 것이지 중단되어서는 안 된다. 물론, 이와 같은 노력을 자녀가 성인으로 성장할 때까지 지속하는 것이 어렵다는 것은 알지만, 이렇게 했을 때와 다른 방식을 취했을 때의 차이에 대한 논의는 너무나 자명하기 때문에 할 필요조차 느끼지 못한다. 부모가 언제까지 이런 노력을 해야 하는 것일까? 최소한 자녀가 스스로 학습할 내용을 찾아서 스스로

학습해 가는 학습 과정에 익숙해졌다는 판단이 들 때까지
는 계속되어야 한다. 그 이전에 어떤 이유가 되었건 간에
부모가 이런 노력을 게을리 하면 바로 그 순간부터 자녀는
타성에 젖은 학습자로 변해갈 것이다. 안타깝게도 말이다.

4

약속 지키기

> 좋은 책을 읽는 것은
> 과거의 가장 뛰어난 사람들과
> 대화를 나누는 것과 같다.
> 데카르트

　부모가 자녀 교육을 하는데 잊고 있는 것이 하나 있다. 그것은 바로 일상생활을 통해서 얻어지는 앎의 방식과 수학, 과학과 같은 학문적 대상을 알아가는 방식이 매우 긴밀하게 연결되어 있다는 것이다. 이에 대한 면면이 'chapter 03'에 잘 들어나 있다. 이번 장에서는 일상생활 속에서의 약속 지키기와 수학 학습에서의 약속 지키기에 대해서 살펴보도록 한다.

대부분의 부모는 자녀와의 약속을 얼마나 잘 지키고 있는가? 이 질문에 대해서 긍정적인 대답을 하는 부모는 많지 않을 것이다. 그러나 부모가 자녀와 한 약속을 지키는 것은 자녀가 성장해가면서 자녀의 지성의 발달은 물론이고 자녀의 인성의 발달이라는 점에서도 매우 중요하게 작용한다. 부모가 자녀와 한 약속을 지키지 않으면서 부모가 자녀에게 부모와 한 약속을 지킬 것을 요구하기는 어렵다. 부모는 안 지키면서 자녀는 지켜야 하는 것인가? 당연히, 아니다. 모두 지켜야 하는 것이다. 자녀가 어릴지언정, 자녀와의 협의 없이 부모 마음대로 부모와 자녀 사이에 한 약속의 일부를 변경해도 되는 것은 아니다. **부모가 자녀를 한 인격체로 대우하고 있다면 이런 행위는 할 수 없는 것이다.**

　　나는 서형이와 함께 한 약속을 잘 지키려고 노력한다. 무슨 약속이든지 둘 사이에 한 약속은 거의 모두 지키는 편이다. 지금은 서형이도 약속은 지켜야 하는 것이라는 사실을 인지하고 약속을 지키려고 한다. 하지만 부모인 나도, 지적으로 성장 중인 어린 서형이에게도 이 약속 지키기를 실천하기는 대단히 어려운 과제 중의 하나였다. 자녀를 키워 본 부모라면 누구나 경험한 것이겠지만, 자녀와 한 약속을 100% 지키기는 하늘의 별따기 만큼이나 어렵다. 왜냐하면, 아이들과의 약속이라는 것이 대부분은 아이들의 일방적인 요구로부터 시작하기 때문이다. 이와 관련해서 일상생활의 많은 다양한 상황으로부터 약속하기와 관련된 상황을 논의할 수 있지만, 그중에서도 "물건사기"가 으뜸 상황일 것이다. 서형이 엄마의 말을 빌리면, "아예 백화점을 사 오지" 할 정도로 서형이도 사 달라고 하는 것이 많다. 예를 들어, 친구가 OO 장난감을 가지고 있는데 나도 갖고 싶으니 사달라는 자녀의 투정에 그 순간을 모면하기 위해서 한 부모의 말 "알았어"와 같은 것이 모두 다 아이들에게는 약속인 것이다. 정말 사 줄 생각이 없으면 "안 된다"라고 말해야 한다. 그리고 자녀와 이에 대해서 충분히 이야기를 나누어야 한다. 부모의 윽박과 야단치기는 자녀를 더 투정쟁이로 만든다.

초기에 우리가 서형이에게 사용한 방법은 "한 번에 한 가지만 사기"였다. 이렇게 한 가지씩만 사주다보니, 서형이 입장에서도 "자신이 원하는 것을 모두 다 얻지는 못했지만, 한 가지는 얻었고, 더 중요한 것은 오늘만 날이 아니라 다른 날에 오늘 못 산 물품을 살 수 있기 때문에" 이 방법은 적어도 서형이에게는 작용하였다. 부모인 우리 입장에서도 서형이가 선택한 여러 가지 물품들 중에서 한 가지를 선택하는 과정에 서형이와의 대화를 통해서 부모가 원하는 물품을 살 여지를 마련할 수 있었다. 무엇보다 중요한 것은 상호 간의 약속 지키기를 통해서 서형이가 약속을 잘 지키는 태도를 보인다는 점이다. 한 번은 서형이가 약속한 것을 지키지 않아서, 내가 서형이에게 "서형이는 약속을 잘 지키는 어린이가 좋은 사람이라고 생각해? 아니면, 약속을 잘 지키지 않는 사람이 좋은 사람이라고 생각해?" 하고 물었다. 서형이의 대답은 당연히 "약속을 잘 지켜서 좋은 사람이 되겠다"는 것이었다.

이렇게 장황하게 일상생활 속에서의 약속 지키기의 실제에 대해서 논의를 했는데, 이 약속 지키기가 수학 학습과 어떻게 관련되어 있는 것인지에 대해서 이제부터 살펴보도록 하자. 이를 위해, 어린아이들이 일단의 사물을 세거나 두 양을 더하는 경우를 상상해 보자. 예를 들어, 일단의 동일한 양을 두 번 세면서 "한 번 센 것을 또 세기", "세었던 것을 또 세기", "세어야 할 것 중의 일부를 세지 않기"와 같은 실수를 해서 각각의 세기에서 다른 값을 얻고서도 아이들은 그 다른 값들이 모두 가능한 값이라고 생각하는 경향이 있다. 이 둘이 같아야 한다[+]는 생각을 어린 시기의 아이들은 잘 하지 못한다.

어쨌든 이런 오류는 수학을 행하는 과정에서 지켜야 할 규칙, 논리 등을 잘못 적용하였기 때문에 발생하는 것이다. 즉, 수학을 한다는 것 또는 수학을 배운다는 것은 옳다고 인정되는 절차를 충실히 따라 주어야 할 뿐만 아니라, 그 과정이 옳게 적용되었는지에 대한 검증을 필요로 한다. 이런 것을 수학적 약속 지키기라고 할까? 이것을 잘 지켰을 때, 그때 얻어진 결과를 신뢰하고 수용할 수 있게 된다.

[+] 물론, 모든 수학적 문제 상황 또는 과제들이 모두 하나의 옳은 결과만을 발생시킬 수 있는 것은 아니다. 대부분의 열린 과제의 경우는 두 개 또는 그 이상의 옳은 결과를 발생시킬 수 있다. 열린 과제의 예 중의 하나는 이미 "chapter 01"에서 보였다.

자녀와 함께하는 수학 학습

1

언어 발달 이전의 수학 학습

환골탈대 換骨奪胎
황정경의 냉쟁야화

　독자들은 자녀와의 수학 학습은 자녀가 태어나면서부터 시작하는 것이라고 앞서서 진술한 나의 진술을 잊지 않을 것이다. 왜냐하면, 대부분의 독자들은 이런 주장을 처음 접했을 것이기 때문에 독자들의 뇌리에 큰 자극으로 작용했을 것이기 때문이다. 따라서 이 주장에 대해서 자신만의 방식으로 이해하려고 노력을 해 보았을 것이고, 나의 논리 전개에 대해서도 고민을 해 보았을 것이다.

　어쨌든 우리 모두가 동의할 수 있는 것은 한 아이가 언어로 자신의 의사를 표현할 수 있기 이전에도 그 아이는 나름 대로의 사고를 하고 자신만의 방법으로 부모에게 그 의사를 전달한다는 사실이다. 나는 지난 5월에 이제 막 걸음마를 하기 시작한, 기저귀를 찬 간난 아이와 그의 부모와 함께 식사할 기회가 있었다. 이 아이의 부모와 우리 부부는 7년 만에 만난 것이라 서로 그동안의 안부를 묻고 삶에 대해서 이야기하느라 정신이 없었다. 그런데 이 아이가 의자에 앉기를 거부하고 엄마 옆에 서 있으려고 해서 그렇게 하도록 했지만, 결국에는 이 아이는 찡얼거리기 시작해서 아이 엄마가 아이를 데리고 밖으로 나갔다. 조금 후에 안 것이지만, 이 아이는 기저귀에 응가를 해서 앉을 수 없는 상황이었다. 아이가 말을 할 수 없다고 해서 아이가 생각을 할 수 없는 것은 아니라는 점을 명심할 필요가 있다. 자녀 교육에 있어서 중요한 것은 아이가 자신의 사고를 자신 나름대로의 방식으로 표출할 수 있는 기회를 갖고, 부모는 이 표출된 표현이 무슨 의미인지를 이해하려는 노력을 해야 하는 것이다. 이런 노력은 일상생활 속에서뿐만 아니라 수학 지식을 학습하는 과정에도 동일하게 요구된다.

그 보잘것없던 아이의 사고가 점차적으로 발달해 가는데, 초기에 가장 좋은 방법은 모방이므로 부모는 제대로 된 본보기를 아이에게 보여주어야 한다. **이 시기가 바로 한 성인이 부모로서 다시 태어나는 시기이다.** 부모는 자녀가 성장해 감에 따라서 자신의 행동거지를 반성하고 자녀가 자신의 삶을 자화상으로 삼고 본 받을만한 정도까지 행동적으로 정신적으로 성숙하게 발전시켜가는 과정으로 인식해야 한다. **자신의 변화 없이 좋은 부모가 될 수 없고 좋은 교사가 될 수 없다.** 이는 부모에게만 요구되는 것이 아니라, 이 아이의 할아버지, 할머니, 작은아버지 등 이 아이를 둘러싼 많은 사람들이 함께 해야 하는 것이다. **적어도 이 아이에게 기대하는 바가 크면 클수록 자신도 그 만큼의 고통을 같이 해야 한다.** 자신은 변하려는 노력을 하지 않으면서 자녀가 올바로 성장할 것을 기대하는 것은 "욕심"과 동시에 "부모됨"을 포기한 것과 진배없다고 해도 과언이 아닐 것이다.

이제부터 이시기의 자녀와 함께 할 수 있는 수학 학습에 대해서 살펴보도록 하자. 먼저, **부모는 자신의 머릿속에 있는 아이디어를 정확하게 표현할 수 있는 사람인지 반성해**

볼 필요가 있다. 이는 부모의 언어 습관을 반성해 봄으로써 쉽게 알 수 있다. 대부분의 성인들의 언어생활 중에 빈번하게 나타나는 현상이 "뭐라고, 무슨 말이야. 다시 말해 봐." 와 같은 현상이다. 즉, 화자가 말한 것의 의미를 청자가 이해하지 못하는 경우를 자주 볼 수 있다. 또 다른 현상으로, 화자가 의미하고자 하는 의미하고는 다른 의미로 청자가 이해하고 싶은 대로 이해하는 경우 또한 자주 볼 수 있다. 예를 들어, 부부간의 대화 또는 부모와 자녀 사이의 대화에서 빈번하게 발생할 수 있음직한 대화 중 한 부분이 "아니, 내가 OOO라고 했는데, 왜 내가 말한 대로 하지 않은 것이야." 일 것이다. 즉, 화자가 말한 것과 청자가 이해한 것이 서로 다른 경우이다. 또한, 부모는 자신의 사고와 행동이 일치하는지 반성해 볼 필요가 있다. 우리들 대부분이 하는 행동과 말 중 상당 부분은 이 둘이 일치하지 않는 경우가 있다. 즉 언행불일치. 사고와 행동이 다른 사람을 서로 반대편을 바라보고 있는 두 얼굴을 한 로마신화에 등장하는 야누스에 비유할 수 있을 것이다. 적어도 이성을 가진 부모라면 자녀가 야누스가 되기를 원하지는 않을 것이다.

부모의 언어 습관이 자녀의 언어 습관이 되고, 이 언어 습관은 자녀의 논리 발달에 지대한 영향을 미칠 수 있다는 점에서, **독자의 언어 습관을 반성해 볼 필요가 있다.** 수학 학습에서 중요한 역할을 하는 부분이 여러 학습자 간 또는 교사와 학습자 "상호 간의 의견 교환"이라는 점과 자녀의 의견 교환술의 발달에 대한 시초는 부모의 언어습관으로부터 기인한다는 점을 고려하면, 부모가 되면서부터도 부모들은 자신들의 언어 습관을 반성해 볼 필요가 있는 것이다. 즉, 자신이 머릿속에서 생각하고 있는 것이 오해 없이 상대방에게 전달되고 있는지, 그리고 상대방의 의미를 제대로 이해하고 있는지 등을 점검해 볼 필요가 있다.

부모와 자녀, 교사와 학생 사이의 대화의 대부분은 "공부해라!", "문제풀어라!" 등과 같은 "해라체 **do it**"형 대화이다. 이런 언어 습관은 일방적 소통을 강요할 뿐이지 "의견 교환"을 동반하지는 못한다. 부모는 "의견 교환"형 언어 습관에 익숙해질 준비를 이시기에 해야 한다. 의견 교환은 두 당사자가 서로 동등한 위치에서 권위에 구애받지 않고 자유롭게 자신의 생각을 내놓고 상대방의 사고에 대한 자신의 생각을 펼칠 수 있을 때 발생한다.

또한, **부모의 언어에 논리가 정연한지 그렇지 않은지 살펴볼 필요가 있다.** 수학 학습은 논리적 사고를 필요로 한다. 그런데 유감스럽게도 성인들의 대화를 들어보면 논리가 빠져 있거나 비논리적인 사고를 바탕으로 전개되는 경우를 자주 듣게 된다. 내가 대학 교수가 된 후 대학 교수들이 참여하는 회의석상에서 대학교수들이 주장하는 진술들에서도 비논리적 진술들이 난무하고 있음을 목격하고서는 개탄한 적이 있다. 나는 나의 이런 개탄을 타 대학에 근무하는 교수에게 이야기한 적이 있다. 이 교수의 말을 그대로 적으면, "가장 비합리적인 사고를 하는 집단이 대학교수이다"였다.

우리들이 일상생활 속에서 가장 즐겨 사용하는 논리는 "만약에 ~하면, ~이다"라는 조건 논리이다. 이 조건 논리에서 중요한 것은 바로 전제가 참이어야 한다는 점이다. "상벌주기"에서도 언급했듯이, 90점 이상을 맞는 것과 OOO을 사주는 것 사이에는 논리적 인과관계가 성립하지 않는다. 일상생활 속에서도 마찬가지이다. 인기 절정의 여배우가 선전하는 화장품을 사서 사용하면 마치 구입한 사람도 그 여배우와 같은 피부를 가질 것이라는 생각은 착각에 지나지 않는다. 탄산음료의 복용이 몸에 좋지 않다는 것을 알면서도 복용하는 것도 비논리적인 행위의 대표적인 예이다. 부모들은 일상생활을 하면서 논리를 사용하는 습관이 붙어 있어야 자녀와의 대화에서도 비논리, 무논리 등의 실수를 저지르지 않을 것이다.

위에서 예를 든 조건 논리뿐만 아니라, 인간의 삶은 다양한 논리를 토대로 전개되고 있음을 부정할 수 없다. **이 삶 속의 논리를 바르게 전개해 감으로써 자녀들은 수학 학습의 가장 근본적인 요소인 논리적 사고의 발달을 형성할 수 있다.** 이는 학교 수학 학습을 촉진시키는 요소임을 분명히 인식하고 생활 속에서 자연스럽게 비형식적 논리를 발달시킬 수 있도록 환경을 조성해 주어야 할 것이다. 물론, 이런 비형식적 논리와 수학적 논리와는 분명하게 다르다. 하지만 이런 비형식적 논리의 발달이 수학 학습뿐만 아니라 수학적 논리의 발달에 도움이 된다는 것이다. 아래는 나의 예에 지나지 않는다. 부모와 자녀 사이에 발생하는 실제 삶의 일부를 소재로 사용하는 것이 가장 바람직하다고 할 수 있다. 처음에는 이런 상황인식이 쉽지 않을 수 있지만, 지금 부터라도 노력을 하면 거의 모든 삶의 행위가 논리로 가득 차 있음을 인지할 수 있을 것이다.

- "서형아, 비가 오니 우산가지고 나가자."
- "서형아, 'Happy Feet Two' 보러 갈래, 아니면 '바비인형' 사러 갈래."
- "서형아, 오늘은 할아버지도 만나고 주형이 오빠도 만나야 해."
- "만약에 서형이가 정직하게 말을 하지 않는다면, 아빠가 서형이가 하는 말을 어떻게 생각할 것이라고 생각해."
- 서형이가 "서준이도 OOO 장난감 가지고 있고, 다빈이도 OOO 장난감 가지고 있단 말이야. 나도 OOO 장난감 갖고 싶어. 나도 사줘"라고 말할 때, 나는 "서형이는 △△장난감 가지고 있는데, 서준이 하고 다빈이는 이것 없지. (반례들기) 친구들이 가지고 있다고 해서 반드시 서형이도 가지고 있어야 하는 것은 아니야"라고 말하였다.

한편, 논리어의 비형식적 발달뿐만 아니라 자녀가 발달 시켜야 하는 것은 **수학적 개념과 관련된**(예를 들어, 덧셈과 관련된 언어로 "추가", "합하기", "모으기" 등) **비형식적 일상어들에 대한 개념을 발달시켜야 한다.** 이런 개념의 발달 없이 수학적 상황을 수학적 상황으로 인식하고 처리할 수는 없는 것이다. 아래는 몇 가지 수학 개념에 대한 비형식적 언어들의 예이다.

비교하기: 많다, 적다. 가볍다, 무겁다. 길다, 짧다. 높다, 낮다.
크다, 작다. '~보다', '~ 덜', '~ 만큼', '~ 같은'
등의 비교어.
덧셈: 많아진다. 더한다. 더해지다. 추가한다. 합한다. 합친다.
모은다. 증가하다.
뺄셈: 줄인다. 감소하다. 뺀다. 제거한다. 없앤다. 비교한다. 남
는다. 차를 구한다.
동치: (똑)같다. 많지도 적지도 않다.
분수: 똑같이 나누기. 몇 개 중의 몇 개.
곱셈: 수량의 크기가 같음. 한 번, 두 번 등 횟수. 같은 것이 몇
번 있음. 한 배, 두 배 등.
나눗셈: 똑같이 나누기. 한 묶음의 크기. 묶음의 수.

이 절에서는 수학과 관련된 비형식적 일상어에 초점을
두기보다는 비형식적 논리에 초점을 두고 있기 때문에, 비
형식적 일상어에 대해서는 이 정도에서 마무리한다. 수학
적 논리의 발달 없이 수학적 지식의 이해는 가능하지 않다
는 점을 인식하고, 자녀와 함께 일상생활 속에서 수학적 논
리가 적용될 수 있는 상황에 수학적 논리를 적용할 수 있는
기회를 갖기 바란다.

2
—
사물 세기

천 리 길도 한 걸음부터
우리나라 속담

자녀가 의사소통이 가능해질 무렵이면 자녀는 이미 3~5
개 정도 소량의 사물을 셀 수 있다. 자녀가 소량의 사물을
셀 수 있다고 해서 성급하게 수 읽기와 수 쓰기를 시도하는
것은 바람직하지 못하다. 극단적으로 말해서, 수 읽기[+]와
수 쓰기는 초등학교 입학 직전에 해도 무방하다. 즉, **입학
전에 자녀가 학습해야 할 대상으로서의 수학은 수 세기와
관련된 개념 및 절차에 대한 명확한 이해이지 수 읽기 및**

[+] 수 읽기는 문어(文語)와 구어(口語)가 있다. 일상생활을 통해서 자녀들은 구어로서의 수 읽기를 먼저
익혀가야 하고 문어로서의 수 읽기는 훨씬 나중에 학습해야 한다는 것을 의미한다.

수 쓰기가 학습의 대상은 아닌 것이다. 그럼에도 많은 경우에 부모들은 자녀들이 "하나, 둘, 셋, 넷, …", 그리고 "일, 이, 삼, 사, …"와 같은 일련의 수 이름의 암기와 "1, 2, 3, 4, …"와 같은 숫자+쓰기에 많은 시간을 할애하는데, 이는 선후가 바뀐 접근이다. 먼저, 일련의 수 이름들의 암기에 앞서서 충분히 소량의 사물의 수 세기를 할 필요가 있다. 왜냐하면, 자신의 손에 있는 사탕 3개를 보고 이것을 수 '3'으로 표현할 수 있는 수적 능력은 훨씬 후에 발달하기 때문이다. 지금은 사물을 바르게 셀 수 있는 능력을 발달시켜야 할 뿐만 아니라, 이를 통해서 "3개 있음", "2개 있음"과 같은 수 개념을 형성할 시기이다. 이 개념 형성 후에 할 수 있는 것이 그 개념에 대한 표현 방식으로서 수 이름을 학습하는 것이다.

자녀들이 사물의 수를 세는 데 있어서 주의해야 할 것으로 다음과 같은 것들이 있다. 한 사물에 하나의 수 이름을 대응시키고 있는지, 사물을 셀 때 수 이름을 정해진 순서로

+ 우리는 수와 숫자라는 두 용어를 사용하고 있는데, 이 두 용어는 매우 다른 의미로 사용된다. '3'을 가지고 쉽게 예를 들어 설명하면, 수는 이 '3'이 가지는 의미를 뜻하고, 숫자는 '3'이 가지는 의미를 표현하는 기호를 뜻한다. 즉, 수 '3'의 의미는 변하지 않지만, 이 의미를 표현하는 방법은 '3', '삼', 'three', '三' 등 다양할 수 있다.

말하고 있는지, 사물의 개수를 파악하는 데 있어서 사물을 세는 순서는 관계없음을 인식하고 있는지, 일단의 사물을 셀 때 마지막에 센 수가 그 사물의 양을 의미하는지, 크기나 부피 등과는 상관없이 수만을 생각하면서 세고 있는지 등이다. 자녀가 이런 것을 모두 제대로 하고 있을 때 비로소 자녀는 수 세기와 관련된 개념을 형성한 것이고, 이를 바탕으로 '1', '2', '3', '4'와 같은 추상수로서의 수 개념을 형성하고, 이 추상수들을 다룰 수 있는 준비를 했다고 할 수 있다.

수학적 지식은 서로 서로 관계를 맺으면서 발달해 간다. 그런 점에서, 자녀의 수학 학습도 관계 중심으로 이루어지는 것이 바람직하다. 독자들이 학교 수학을 통해서 학습한 수학적 지식들도 나름대로는 관계 중심으로 이루어지도록 하려는 시도들을 한 것이다. 그러나 현재 수학교과서에서 접근하고 있는 관계로서의 수학이 효과적인지에 대해서는 많은 연구자들이 의문을 제기하고 있다. 여기 관계로서의 수학에 대한 또 다른 접근을 하나 소개하고자 한다(보다 자세한 내용은 'chapter 01. 3. ❶ 관계로서의 수학' 참고).

우리는 지금 사물의 수 세기에 대한 이야기를 전개해 가고 있다. 즉, **이 사물의 수 세기를 하면서 동시에 두 양의 '많음', '적음', '같음' 등과 같은 대소관계 및 동치관계에 대해서도 사고할 수 있는 시간을 가질 수 있다.** 또한, 이런 접근은 덧셈 내의 하위 개념들 간에서도, 뺄셈 내의 하위 개념들 간에서도, 또는 덧셈과 뺄셈의 관계(이에 대해서는 아래에 진술되어 있는 덧셈과 뺄셈 부분 참고)에서도 가능하다. 관계로서의 수학이란 측면에서 볼 때 현재 초등학교 수학에서 다루고 있는 것과는 다른 방식임을 인지할 필요가 있다. 본서에서 제시하는 접근은 복잡한 사고를 요구하는 과제를 제시하는 것을 전제로 하는 반면에, 초등수학교 과서는 쉬운 것에서 어려운 것으로라는 행동주의학자들이 주장하는 위계적 순서에 따라 과제를 제시하는 것을 전제로 하는 것이다. 이런 서로 다른 접근 중 어느 접근이 더 효과가 있을 것인지에 대해서는 독자들이 판단하기 바란다. 학습자에게 높은 수학을 이해할 것을 기대할 때 학습자들의 수학성취도가 높다는 연구결과들이 나타나고 있음을 참고할 필요가 있다.

그러면 5개 정도의 소량의 사물을 대상으로 한 수 세기를 통해서 이 점에 대해서 살펴보도록 하자. 좀 더 구체화해서, 서형이가 5개의 사탕을 가지고 있다고 가정해 보자. 더 나아가 다음의 일화를 통해서 이 일화에 담겨 있는 수학 학습에 대해 논의를 하도록 하자.

> 나: 서형아, 사탕 몇 개 가지고 있는지 세어 볼래?(이때, 실제 사탕, 또는 사탕 대용물(바둑알, 콩, 색타일, 손가락 등)을 활용하는 것이 좋다.)
> 서형: (하나씩 가리키면서) 하나, 둘, 셋, 넷, 다섯. 다섯 개 있어.
> 나: 아빠도 먹고 싶은데 몇 개만 줄래?
> 서형: (자신이 가지고 있는 사탕 5개를 보더니, 2개를 집어서 준다.)
> 나: 서형이는 몇 개 가지고 있고, 아빠는 몇 개 가지고 있어?
> 서형: 나는 3개, 아빠는 2개.
> 나: 누가 더 많이 가지고 있어?
> 서형: 내가.
> 나: 서형이가 더 많이 있다는 것을 어떻게 알아?
> 서형: 아빠는 2개고 나는 3개잖아.
> 나: 2개 보다 3개가 더 많은 것이야?
> 서형: 응.
> 나: 3개가 2개 보다 몇 개 더 많아?
> 서형: 1개.
> 나: 어떻게 알았어?

서형이가 이 마지막 질문을 처음 받았을 때 서형이는 매우 당황해 했다. 이 질문은 사실 뺄셈 중에서도 '비교하기'를 묻는 것으로 현재 초등학교에서는 1학년 2학기에 다루고 있다. 나의 질문은 자신이 1개 많다는 것을 "눈으로 보고" 즉 "직관적으로" 확인할 수 있는 자명한 것임에도 "어떻게?"라는 정형화된 사고의 표현을 요구하고 있는 것이다. 이때 중요한 것은 아이에게 생각할 시간을 주고 자신만의 생각을 해낼 시간을 기다려 주는 것이다. 자녀에게 시간을 주지 않으면서, 이 질문에 대한 대답을 부모가 아이 대신 하는 것은 아이의 지적 발달에 도움이 되지 않는다. 피상적으로 판단해서, 아이가 부모가 알려준 새로운 방법을 배울 수 있는 기회를 가졌기 때문에 아이의 학습에 도움이 되지 않겠냐고 생각할 수 있겠지만, 이런 방법의 효과에 대해서 연구한 연구자들의 연구 결과에 따르면, 오히려 이런 방식으로 학습한 학생들은 오랫동안 그 방법을 기억하지 못하고, 그 방법을 사용해야 할 때 그 방법을 사용할 것을 요구받지 않으면 사용하지 못하고, 더 나아가 시간이 지나면 잊어버리고 마는 현상을 보인다.

서형: (한참 생각을 하더니) 봐, 아빠 하나, 나 하나, 아빠 하나,
　　나 하나, 그리고 내가 하나 더 있잖아.
나: (서형이에게 손가락 3개를 피게 하고, 나는 손가락 2개를
　　피고, 내 손가락 2개와 서형이 손가락 3개를 대응시키면
　　서) 서형이가 하나 더 많구나. 서형이가 좋은 방법을 생각
　　해냈구나. 잘했다.

　서형이의 말을 받아서 내가 한 말은 매우 중요한 학습 행
위이다. 아이들은 지식을 구성해 가는 과정에 있기 때문에,
자녀들이 자신들이 한 생각을 표현한 표현은 성글 수 있다.
이 성금을 형식적으로 표현하는 표현을 경험할 필요가 있
다. **중요한 것은 완벽하지는 않을지라도 이 방법을 서형이
스스로 해 냈다는 점이다.** 즉, 서형이 스스로 발견해 냈다
는 점이다. **부모가 또는 교사가 발견해서 이 발견 과정을
잘게 요리해서 자녀가 즉 학습자가 이해하도록 했을 때는
이 발견의 힘 즉 창의력은 발생하지 않는다.** 바로 이 점 때
문에 자녀 스스로 필요한 방법을 찾아내고 주어진 행위, 주
어진 현상 등으로부터 그 속에 잠재해 있는 개념을 추출해
낼 것을 기다려 주는 것이다. 혹시 자녀가 잘못된 또는 부
족한 개념을 추출해 내더라도, 부모 또는 교사가 이를 수정
해 주기보다는 자녀 스스로 구성하고 재구성해 낼 수 있도

록 조언을 할 뿐이다. 이 조언이라고 하는 것이 발견학습 주창자들이 주장하는 것과 같은 조언이 아님을 명심할 필요가 있다. 이들이 의미하는 조언은 자신들의 안내에 따라서 자녀가 학습자가 사고를 전개해 갈 것을 의미하는 것으로, 이 또한 스스로의 창의성을 발현하는 역할을 하는 데는 큰 도움이 되지 못한다. 부모는 이런 질문에 대해서 자녀가 나름대로의 아이디어 또는 방법을 찾아내지 못하면 어떻게 하나 하는 염려를 할 수도 있다. 사실 이런 염려는 교사들에게 이런 교수 방법을 사용할 것을 권할 때 나타나는 현상들 중의 하나이다. 이런 교수 방법을 사용해 본 사람은 누구나 모두다 "아이를 믿으세요. 아이들이 잘 합니다."이다. 오히려, 부모 또는 교사가 아이들을 믿지 못하고 시간적 압박에 쫓기어 자녀의 지적 성장을 방해한다. 즉, 이런 식으로 수학 학습을 할 때 그 많은 양의 수학 지식을 언제 다 학습할 수 있냐고 반문하는 부모 또는 교사가 있을 것이다. 그러나 이런 반문에 대한 대답은 전자의 방법(서형이의 창의적 학습)과 후자의 방법(발견 학습)의 결과로 구성된 자녀의 지능을 고려하면 분명해 진다. 후자의 경우, 새로운 지식을 학습해야 하는 상황이 발생할 때 마다 부모 또는 교사가 늘 안내를 해 주어야 할 것이고, 이들의 안내가 없으면 자녀는 그들의 안내가 있을 때까지 학습을 미룰 것이다. 이것이 최근 들어서 많은 수학 교실에서 나타나고 있는 "선생님, 답이 뭐에요"라는 지적 나태로 대변될 수 있다. 전자의 경우는 학습자 자신의 지능으로 새로운 지식을 구성해갈 힘, 즉 지능을 점점 더 발달시켜가고 있는 것이기 때문에, 학습은 후에 기하급수적으로 촉발될 수 있는 것이다. 한편, 아이가 대답을 못할 수도 있는데, 이때 부모가 아이 대신 부모의 구조화된 압축된 사고의 결과를 아이에게 알려주는 것은 효과적이지 못하다. 왜냐하면, 이 부모의 사고는 아이 입장에서는 아이가 이해할 수 없는 외계어에 지나지 않기 때문이다. 부모가 할 수 있는 것은 아이의 반응에 따라서 "다음에 다시 생각해 보자", "생각한 만큼만 말해봐", 등 아이가 생각해 내려고 노력했음을 가치 있게 여기는 조언과 함께 다양한 반응을 보일 수 있다. 또는 아이가 생각은 했지만, 틀린 반응을 할 수도 있다. 이 틀린 반응에 대한 부모의 대처에 대해서는 종합적으로 'chapter 01. 4. ❺'

에서 다루었으니 참고하기 바란다.

나는 여기서 그치지 않고, 한 걸음 더 나아가 계속해서 말을 이어갔다. 즉, 이렇게 한 것은 현재 서형이와 나 사이에 벌어지고 있는 상황을 제대로 된 표현으로 표현하는 과정을 한 번 더 거치기 위해서였다. 이후 서형이는 이런 상황에서 내가 한 표현처럼 자신의 말로 표현할 수 있었다.

> 나: 사탕 3개는 사탕 2개보다 많아요(다시, 두 사람의 손가락을 일대일 대응시키면서). 사탕 3개는 사탕 2개 보다 하나 더 많아요.

이때, 3-2=1이라는 뺄셈식을 도입할 필요는 없다. 자녀는 이제 막 수학 학습을 위한 기초 개념들을 형성해 가는 여정에 들어서고 있는 상태임을 잊어서는 안 된다. 물론, 지금 상황이 뺄셈식과 관련 있는 것은 사실이지만, 이것의 도입이 자녀에게는 무의미할 뿐이다. 그 대신에 이 대목에서 주의할 것은 "~**보다**"라는 나의 표현이다. 이 "보다"라는 표현은 일상생활에서 빈번하게 사용하는 비교관계를 표현할 때 사용하는 언어이다.

나: 서형아, 아빠 것 도로 가지고 가. 아빠는 안 먹을래(내 것
  을 도로 서형이에게 준다). 서형이는 지금 몇 개 가지고 있어.
서형: 5개.
나: 어떻게 알았어.

이 즈음에서 아이들은 보통 자신이 가지고 있는 5개의 사
탕을 모두 다시 센다. 그렇지 않고, 처음에 다섯 개가 있었
으므로 다섯 개가 있다고 하거나 자신이 가지고 있던 3개
에 2개가 추가 되어서 5개가 되었다고 할 것이다. 이런 것
들이 이미 이 영역에서 충분한 지식을 형성하고 있는 부모
에게는 모두 같은 것으로 보일 수 있을지라도, 이제 막 이
런 지식들에 대한 이해를 넓혀가고 있는 자녀에게는 매우
다른 수준의 이해에 있는 것이다. 앞서도 말했듯이, 자녀가
현재 어떤 이해를 하고 있으며 이전의 이해와는 어떤 다른
이해를 하고 있는지를 명료하게 인지하고 다른 이해가 나
타날 때마다 자녀의 지적 발달을 경축해 주는 것이 필요하
다. 이 경축 자체가 물질적 상 보다 낫다. **자녀에게 질문을
던질 때, 수 세기와 관련된 질문에만 초점을 맞출 것인지,
수 세기와 관련된 다른 수학적 개념들로 질문을 확장해 갈
것인지, 얼마나 오랫동안 수학 학습을 진행할 것인지 등은**

모두 자녀의 반응과 부모의 자녀수학 학습사에 대한 이해에 달렸다.

다시, 소량의 사물 세기로 돌아가자. 일단의 주어진 사물을 단순하게 세는 것만으로 자녀의 수학 학습에 대한 흥미를 유지시킬 수 없다. 즉 자녀가 소량의 사물을 자유자재로 실수 없이 잘 센다고 해서 10 이상의 사물을 세는 것으로 넘어가는 것은 바람직하지 못하다는 것이다. 그 대신에, 자녀가 소량의 사물을 세는 데 익숙해지면, 자녀의 수 세기 기능을 다양화 시킬 필요가 있다. 이를 수학적 융통성이라고 하는데 이런 기능의 발달을 염두에 두면서 초등수학교과서에 제시되어 있는 것이 '여러 가지 방법으로 풀기'이다. 그런데 현재 학교교육의 결과는 학생들이 가장 싫어하는 수학 학습 중의 하나가 바로 이 부분이다. 그 이유는 바로 이 '여러 가지 방법으로 풀기'를 제외한 대부분의 수학 내용 학습에서는 획일적 사고를 요구하다가 갑자기 여러 가지 방법으로 사고할 것을 요구하기 때문이다. 독자들도 다음과 같은 상황을 독자들에게 요구했다고 한 번 생각해 보기 바란다. 독자가 익숙한 사고 또는 행동 방식(학생들의 예에서는 획일적 방식)을 버리고 익숙하지 않은 사고 또는 행동 방식(학생들의 예에서는 여러 가지 방법)으로 사고하고 행동하라는 요청을 받으면 당연히 불편함을 호소할 것이고 저항하려 할 것이다. 학생들도 마찬가지이다. 평소에 여러 가지 방법으로 사고하는 경험을 해야 융통성 있게 사고하는 것이 제 옷인 양 편하게 사고할 수 있다.

　자녀의 사고가 수학적으로 융통성 있게 발달하는 데 도움을 줄 수 있는 다양한 접근이 있을 수 있다. 그중 가장 먼저 시도해 볼 수 있는 것이 '다른 방법으로 해 보기'이다. 이는 수 세기뿐만 아니라 이후 학습하게 될 덧셈, 뺄셈 등 모든 수학의 학습에서 사용할 수 있는 접근이다.

> 나: 서형아, (아래 것을 가리키면서) 동그라미가 몇 개 있어?
> 서형: (상단 왼쪽에서 오른쪽으로 그리고 하단 왼쪽에서 오른쪽으로 이동하면서, 하나씩 가리키면서) 하나, 둘, 셋, 넷, 다섯, 여섯, 일곱. 일곱 개 있어.
> 나: 다른 방법으로 셀 수 있을까?
> 서형: (나의 이 질문에 서형이는 또다시 한참을 망설이다가 하단 오른쪽부터 왼쪽으로 그리고 상단 오른쪽에서 왼쪽으로 세기 시작했다) 하나, 둘, 셋, 넷, 다섯, 여섯, 일곱. 일곱 개.
> 나: 또 다른 방법으로 셀 수 있어?

서형: (이번에는 왼쪽에서 오른쪽으로 가면서 상단에서 하나 하단에서 하나를 세기 시작했다) 하나, 둘, 셋, 넷, 다섯, 여섯, 일곱.

나: 또 다른 방법으로 셀 수 있을까?

서형: (한참을 생각하더니, 서형이는 웃기만 하고 있다.)

나: 잘 했어. 서형이는 정말 대단한데. 다른 방법을 찾아내고 말이야.

○	○	○	
○	○	○	○

사실, 이 당시의 서형이는 만 4세 9개월쯤 되었다. 나의 이런 요구에 이 연령대의 아이들이 나름의 반응을 보이는 것은 쉽지 않다. 그런데 **우리의 지능은 자신의 사고로 할 수 있는 과제를 해결할 때는 자신의 현재의 능력을 확인하는 것에 불과하지만, 자신이 할 수 없었던 과제를 수행함으로써 발달해 가는 것이다.** 부모의 역할은 다시 한 번 강조하지만 자녀의 현재의 이해상태를 토대로 새로운 추상을 요구하는 과제를 제시해 주는 데 있으며, 부모가 이를 얼마나 잘 수행할 수 있느냐가 자녀 학습의 성패가 깊은 영향을 준다. 이 과제가 지나치게 어려워서 자녀가 시도는 하지만 실패를

하거나 흥미를 잃게 되면 곤란하다. 그러니 더더욱 중요한 것이 자녀의 현재의 이해 정도에 대한 정확한 판단이다. 그런데 자녀의 이해 정도는 매일매일 성장 발달한다는 점을 부모는 잊지 말아야 한다. 따라서 부모는 자녀의 현재의 이해 정도에 늘 관심을 가져야 하는데, 이는 쉽지도 어렵지도 않은 과제이다. 왜냐하면, 자녀의 이해의 발달은 전광석화와 같이 초고속으로 진행되는 것이 아니기 때문이다.

또한, 서형이는 이 시기에 사물을 동반한 수 가르기를 하고 있었다. 따라서 "다른 방법으로 셀 수 있어" 하는 나의 질문은 최근에 서형이가 하고 있는 수 가르기에서 얻은 전략 또는 정보를 활용할 수 있는지를 알아보기 위한 것이었다. 나는 서형이의 대답 중에서 위의 그림에서 '상단에 3개와 하단에 4개 그래서 7개'라는 대답도 나오기를 기대하였었다. 그런데 서형이로부터 이 대답은 나오지 않았다. 나도 이 방법을 설명해 주었지만, 서형이는 이해하지 못하는 눈치였을 뿐만 아니라 며칠이 지나고 나서, 아래와 같은 상황에서 아빠가 설명한 방법대로 설명할 수 있는지 물어보았지만, 서형이는 할 수 없었다.

○	○	○	○	
○	○	○	○	○

　다시 한 번, 이는 자녀가 이해하지 못하는 것을 부모가 자녀에게 설명해 주는 것이 낳는 부정적인 결과의 한 예이다. 사실, 나의 기대는 초기 학습자에게는 대단히 어려운 사고이다. 왜냐하면, 주어진 사물을 있는 그대로 인지하는 것이 아니라 3개씩 한 묶음과 4개씩 한 묶음해서 두 묶음으로 인식하는 하나의 과정을 더 요구하는 것이기 때문이다. 이는 묶음을 단위로 사고하는 사고가 가능할 때 할 수 있는 정신 행위인 것이다. 서형이의 반응으로부터 알 수 있는 것은 서형이가 아직까지는 묶음을 단위로 세기를 할 수 있을 만큼 지적으로 성장해 있지 못하다는 것이다. 나는 이후에 이 부분에 대한 학습 경험을 할 수 있는 기회를 제공해 주었다.

　그 후, 나는 더 더욱 서형이가 스스로 해 낼 수 있는 범위 내에서 자신의 수학적 능력을 발달시킬 수 있도록 도와주는 역할만 해 가고 있다. 그로부터 약 6개월 후 쯤, 내가 위의 그림을 다시 보여주고 몇 개가 있느냐고 물었을 때, 서형이는 9개라고 말했고, 내가 어떻게 구한 것인지를 물었을 때 서형이의 대답은 내가 놀라기에 충분한 것이었다.

> 서형: 아빠, 여기 4개가 있고, 여기 5개가 있잖아. 그러니까 9개지.

즉, 주어진 사물을 '작음 묶음'들로 인식할 수 있을 때, 또 다른 세기 전략이 발달 할 수 있는 것이다. 6개월 전에는 서형이는 주어진 사물들을 낱개로만 인식할 수 있었던 것이다. 이처럼 수학적 능력의 발달은 여러 가지 요소가 협응하면서 발달하는 것이지, 현재 초등수학교과서에서 접근하고 있는 것처럼, 한 요소의 발달 후 다른 요소가 발달하는 것이 아니다. 이처럼 서로 다른 크기의 묶음을 다루는 능력의 발달은 결국에는 동일한 크기의 묶음(동량)을 대상으로 사고하는 곱셈, 분수 등의 학습을 위한 기초를 제공해 준다. 그런데 이런 동량에 대한 취급을 곱셈을 학습하기 이전에 바로 도입하는 것이 바람직하다고 보기는 어려울 듯하다. 따라서 이후의 세기에서는 주어진 사물들을 서로 다른 일단의 사물들로 분류한 후(아래에 나오는 가르기 활동 참고)

이들을 대상으로 세기 또는 더하기 등의 연산 작용을 하도록 한다.

지금까지 살펴본 것처럼, 앞으로 세기(0 또는 1부터 시작해서 하나씩 세어가기)는 비교적 쉽게 수행할 수 있지만, 거꾸로 세기(임의의 수에서 이부터 하나 작은 수로 세어가기)는 쉽지 않다고 한다. 그런데, 이것도 수학 학습에 대한 오해의 소산이다. 자녀에게 1, 2, 3, …과 같은 추상수 그 자체를 거꾸로 세도록 하면 당연히 이 과제는 어린아이들에게는 고난이도의 과제이다. 거꾸로 세기가 자녀가 학습해야 하는 학습 대상인 것은 틀림없는 사실이지만, **우리가 잊지 말아야 할 것은 이 학습 대상을 단 한 번의 학습 경험으로 학습해야 한다는 접근은 적절하지 못한 것임에 또한 틀림없다.** 자녀 입장에서 거꾸로 세기는 매우 어려운 과제이다. 왜냐하면 우리는 일반적으로 순차적 사고에 익숙하지 역행적 사고에 익숙하지 않기 때문이다. 자녀는 이제 이 익숙하지 않은 사고에 익숙해지려는 첫 단계에 있는 것이다. 하지만, 9, 8, 7, 6, 5, 4, 3, 2, 1처럼 추상수를 역순으로 읽는 것을 반복 연습시키는 무모함보다는 일상생활에서 발생하는 상황 중 거꾸로 세기를 활용할 수 있는 상황을 활용하는 것이 매우 효과적이다.

> 나: 서형아, 아빠가 사탕을 5개 가지고 있어. 자 세어 보자. 하나, 둘, 셋, 넷, 다섯. 아빠가 서형이한테 사탕 1개를 주었어. 자 하나. 아빠한테는 몇 개가 남았지.
> 서형: 4개.
> 나: 그러면, 아빠는 4개, 서형이는 1개 가지고 있네. 아빠가 서형이에게 또 하나 주었어. 아빠는 몇 개를 가지고 있어.
> 서형: 3개.
> 나: 그래, 아빠는 3개, 서형이는 2개 가지고 있네. 아빠가 서형이에게 또 하나 주었어. 아빠는 몇 개를 가지고 있어.
> 서형: 2개.

이와 같은 형식으로 임의의 주어진 양에서 하나를 제거한 후 남은 양을 세는 활동을 통해 거꾸로 세기를 할 수 있다. 또한, 이때 할 수만 있다면, 손가락, 바둑돌 등과 같은 조작물을 사용하는 것이 좋고, 아빠가 가지고 있는 것과 자녀가 가지고 있는 것의 양의 변화를 조작물을 통해서 확인하는 것도 바람직하다. 이런 활동을 통해 아이들은 암묵적으로 또는 명시적으로 수 보존 개념을 발달시킬 수 있다. 즉, 아빠의 5개가 서형이에게 나누어 주는 행위를 통해서 아빠는 2

개 서형이는 3개 등으로 변해도 여전히 서형이와 아빠가 함께 가지고 있는 것은 5개라는 사실은 변하지 않는다.

거꾸로세기를 할 수 있는 다양한 실생활 상황이 발생하는데 서형이에게 발생한 상황을 몇 가지 소개하면 다음과 같다. 자녀도 이와 유사한 상황 또는 다른 상황이 발생할 수 있을 것이다.

- 서형이와 함께 인터넷 사이트에서 서형이 책을 한 권 구매했다. 서형이가 내게 며칠 기다려야 이 책을 받아 볼 수 있냐고 물었다. 나는 사이트에서 안내한 도착 예정일을 말해 주었다. 서형이는 그 며칠을 스스로 계산은 못하면서 다시 며칠을 기다려야 하냐고 물었다. 나는 10일 기다려야 한다고 했다. 그랬더니, 하루 자고 나면 9일 남았다고 하고, 또 하루 자고 나면 8일 남았다고 하면서 스스로 거꾸로세기를 하는 것을 볼 수 있었다.
- 나는 2011년 미국 뉴욕에 있는 컬럼비아대학교 사범대학 수학교육과에서 연구년을 보내고 있다. 그래서 나, 집사람, 서형이 모두 처가에 기거하고 있는데, 5월 쯤 한국에서 서형이 친구인 서준이 가족이 추석 즈음에 방문을 하겠다는 연락을 해 왔다. 서준이는 서형이의 가장 친한 친구이다. 서형이는 이 친구가 언제 오는지 몇 밤을 더 자야 오는지 물어왔다. 이때쯤 서형이는 큰 수에 대한 수감각이 발달하는 시기라서 이는 좋은 수개념 및 거꾸로 세기 학습기회였다. 서형이에게 약 90번 자야 한다고 했더니, 서형이는 "9번 하고 10번이야?"라고 나에게 되물었다. 나는 "서형이가 하고 싶은 말이 10밤이 9번인 것이니?"라고 말하고, 이를 풀어서 '10밤, 10

밤, …, 10밤'을 자야 한다고 했다(이런 지적 활동을 통해서 수 세기와 곱셈의 결합을 시도할 수 있다). 서형이는 이날 이후로 서준이가 올 때까지 간헐적으로 자기가 몇 번 잤으니까 몇 번 남았느냐고 물어왔다. 이는 거꾸로 세기가 '반드시 하나씩만 감소하면서 세는 것만을 의미하지 않는다'는 것을 이해할 수 있는 기회였다. 또한, 거의 30일 이내로 서준이 가족이 방문할 날이 다가오면서, 서형이는 암묵적으로 '10밤씩'에 대한 묶음의 의미와 '10밤'의 해체로 낱밤 10이 생긴다는 것도 이해해갔다.

- 또한, 서준이와 서형이는 여행 중에 서준이 가족이 돌아갈 날이 정해져 있음을 인지하였다. 둘이서 며칠 동안 더 있을 수 있는지를 확인한 후, 하루가 지날 때마다 거꾸로 세기를 하면서 둘이 같이 있을 수 있는 시간이 줄어 들어감을 아쉬워하였다.

- 일반적으로 유치원이나 초등학교에서 학생들의 생일파티를 한다. 그리고 아이들은 자신들의 생일에 친구들에게 선물도 나누어 주고, 맛있는 음식도 먹으면서 즐거운 시간을 보내기 때문에 자신의 생일을 손꼽아 기다린다. 서형이 생일은 12월 21일인데도, 10월 즈음부터 자신의 생일날을 손꼽아 기다리기 시작했다. 그래서 우리는 달력을 보고 그 날부터 생일날까지 며칠이 남았는지 세어보고, 하루하루 지남에 따라서 남은 일 수가 줄어 가는 것을 거꾸로세기를 통해서 확인해 갈 수 있다. 이 활동을 언제 시작할 것인지는 부모가 이해한 자녀의 수 이해 수준에 따라 달려 있다. 매일 이 활동을 하는 것이 아니기 때문에, 자녀가 남은 날 수를 잊어버릴 수 있는데, 이럴 때는 그 날부터 생일날까지 며칠이 남았는지를 달력을 이용해서 다시 확인하면 된다. 즉 큰 수 세기와 거꾸로 세기가 혼합해서 작용하는 것이다.

- 위의 예들은 모두 단위가 날의 수와 같은 개별단위들이다. 자녀가 이런 거꾸로 세기에 익숙해지고 일주일, 달과 같은 묶음을 단위로 하는 묶음 단위에도 익숙해지면 이들을 대상

으로 거꾸로 세기 활동을 할 수 있다. 하지만, 이들 개념은 일반적으로 거의 초등학교에 입학할 무렵에 발달하면 빨리 발달하는 것이다. 자녀의 달, 주, 등과 같은 개념에 대한 이 해상태를 살피면서 이런 단위들을 바탕으로 하는 거꾸로 세기 활동을 해 보도록 한다.

- 또한, 자녀가 이와 같은 묶음 단위의 거꾸로 세기도 익숙해 지면 추상수를 대상으로 거꾸로 세기를 하는데, 직접적으로 거꾸로 세기로 들어가기 전에 먼저, '~보다 1 작은 수'와 같 은 하나 큰 수와 하나 작은 수의 관계를 인식하는 활동을 할 필요가 있다. 이런 활동은 매우 쉽게 짧은 시간 동안 이루어 질 수 있다. 물론 이때도 수를 적어가면서 할 필요는 없다. 중요한 것은 자녀의 인지 구조 속에서 '~보다 1 작은 수'를 조작할 수 있는 능력의 발달이다. 적기는 부수적인 행위이다.

이제는 뛰어 세기에 대해서 알아보자. 이 뛰어 세기는 후에 학습할 동수누가, 분수, 나눗셈 등의 기저 지식 역할을 해 줄 수 있는 묶음의 수 세기와 관련되어 있으므로 생략되어서는 안 되는 학습 대상이다. 그렇기 때문에 단지 뛰어 세는 데서 그쳐서는 안 되고 점차적으로 묶음의 수가 몇 개인지에 대하여 생각해 보는 활동까지 포함할 수 있어야 한다. 당연히 어린 자녀와 함께 처음부터 추상수를 대상으로 2, 4, 6, 8 등의 2씩 뛰어 세기를 하는 것은 바람직하지 못하다. 실제 사물과 구체적 상황을 가지고 뛰어 세기를 할 수 있다. 다음 일화를 살펴보도록 하자.

> 나: 서형아, 아빠가 사탕 2개를 서형이에게 주었어(손가락 2개
>   를 펼쳐 보인다). 그러면 서형이는 사탕을 몇 개 가지고 있
>   는 것이지?
> 서형: (자신의 손가락 2개를 펼쳐 보이며) 2개.
> 나: 아빠가 또 두 개를 더 주었어. (또 손가락 2개를 펼쳐 보인
>   다) 그러면 몇 개지?
> 서형: (자신의 손가락 2개를 더 펼쳐서 손가락 4개를 펼치면
>   서) 4개.
> 나: 두 개 더.
> 서형: (자신의 손가락으로 6개를 펼쳐 보이면서) 6개.
> 나: 두 개 더.
> 서형: 8개.
> 나: 두 개 더.
> 서형: 10개.
> 나: 두 개 더.
> 서형: (나의 질문에 이미 자신의 10개의 손가락을 다 사용하였
>   기 때문에, 한참을 고민에 빠져 있다가), 아빠 손가락 2
>   개만 빌려 줘 (또는 자신의 발가락을 사용해서), 12개.

이 시점이 매우 중요한 부분이다. 아마도 20을 넘어서까지 셀 수 있는 자녀라 할지라도, 자녀가 이 순간에 12개의 사물을 구성해 낼 수 있는 방법을 찾아내지 못할 수도 있다. 서형이가 이 질문을 처음 받았을 때, 서형이의 반응은 "나, 손가락 더 없어"였다. 자녀가 이것을 못했다고 해서,

자녀의 지적 능력을 낮게 평가하지는 않기 바란다. 적어도 이 시점의 자녀에게는 이것은 전혀 새로운 상황으로 자신이 익숙한 전략과는 전혀 다른 새로운 아이디어를 구성해 내야 하는 시기일 수 있다. 분명히 자녀는 스스로 이것을 할 수 있다. 즉 자신의 손가락 10개를 벗어나는 수 세기를 못한다고 해서, 인위적으로 부모가 부모의 손가락 또는 자신의 발가락 또는 머릿속으로 손가락 상상하기 등의 방법을 알려 줄 필요가 없다. 아마도 자녀는 덧셈을 하면서 부모의 손가락과 자신의 손가락을 사용했던 경험을 토대로 즉, 자신의 것만이 아닌 다른 사람의 것 또는 사물들을 이용했던 경험으로부터 유추적으로 이런 뛰어세기 상황에서도 다른 사람의 것 또는 사물들을 이용하는 전략을 도입할 수 있다. 자녀가 스스로 지식을 구성해 가는 경험을 통해서 자녀가 자기주도적 학습자로 거듭 태어나기를 바란다면, 부모에게 요구되는 덕목 중의 하나가 '기다림의 미학'이다. '기다림'이란 단어에 대해서 비호감을 갖는 독자들도 있을 것이다. 아마도 이런 독자들은 "학습할 내용은 태산과 같은데 빨리빨리 많은 내용을 배울 수 있도록 '가르쳐 주고' 다른 내용을 또 배워야 하는 것이 아니냐?" 하고 반문을 할 수 있다. 하지만, '양보다 질(less is more)'이다. 이해하면서 배우는 것이 가장 좋은 학습이고, 한걸음 더 나아가, 이 이해를 타자의 도움에 의한 것이 아닌 '자기 스스로' 해냈을 때 그 이해한 지식이 무한한 생성력을 지니게 된다. 즉, 자녀 스스로 지식을 이해하였을 때, 자녀의 지적 능력은 기하급수적으로 발달해 갈 수 있다. 이는 학습부진아도 예외가 아니다. 나는 미국에서 연구년을 보내는 중에 수학 학습 능력이 부족한 대학생들을 대상으로 본서에서 진술한 교육방식에 따라 수학 수업을 교육실천가와 함께 진행하였었다. 이 집단 중에서도 학습 능력이 부족한 학습자들마저도 자기주도적으로 수학 학습을 할 수 있는 능력을 갖추어 가는 것을 목격할 수 있었다.

모든 뛰어 세기, 즉 2씩 뛰어 세기, 3씩 뛰어 세기, 4씩 뛰어 세기, 5씩 뛰어 세기 등 모든 뛰어 세기를 할 필요는 없다. 왜냐하면, 유아들을 포함한 우리는 유추적 사고를 할 수 있기 때문이다. 중요한 것은 이처럼 유추적 사고를 할 수 있기 위해서는 한 가지 뛰어 세기라도 제대로 할 수 있을 뿐만 아니라 이해하고 있어야 한다는 것이다. 즉, **우리 인간의 장점 중의 하나가 바로 이런 지적 능력의 발달 덕분에 많은 학습 대상을 일일이 학습하지 않아도 학습해 낼 수 있다는 것이다.**

아이들은 5씩, 10씩 뛰어 세기를 좋아한다. 아마도 우리 주변에서 흔하게 발생할 수 있는 상황이기 때문일 것이다. 먼저, 여러 명의 가족이 앉아 있을 때, 자녀와 함께 가족 구성원들의 손가락의 수와 발가락의 수를 이용해서 5씩 뛰어 세기를 할 수 있다. 자녀들은 이제 막 뛰어 세기를 학습하는 시기이기 때문에, 5, 10, 15, 20 등 하면서 자동적으로 5씩 뛰어 세기를 하는 것이 아니라, 자녀가 할아버지, 할머니, 삼촌 등의 가족들의 손가락, 발가락 등을 직접 세기 위해서 이들에게 발가락을 내어 달라고 하면서 셀 것이기 때문에, 매우 재미있는 학습 상황이 연출될 수 있다. 뛰어 세기 활동을 하는 초기라 할지라도, 세기를 할 구체적 대상이 존재할 때는 그 크기를 어느 정도 크게 잡는 것도 좋다. 하지만 구체적 사물을 사용할 수 없을 때는 머릿속으로만 뛰어 세기를 시도할 수도 있다. 이런 상황이 발생하면, 자녀는 스스로 머릿속에 상상의 사물 또는 그 결과를 형상화하고 추가할 대상은 손가락 등을 이용해서 형상화해서 이 둘을 조합하면서 뛰어 세기를 해 간다. 이해를 돕기 위해서 서형이와의 일화를 살펴보도록 하자.

서형이와 지하철을 타고 이동하는 동안을 활용해서, 우리는 5씩 뛰어 세기를 하였다. 사실, 서형이가 먼저 "아빠가 5 있어. 5 더 있으면 10. 자 5 더 뭐야, 아빠"라고 말했다. 우리는 15, 20, 25, 30, …, 1,000까지 하였다. 서형이의 1,000은 10 100(십 백)이었다. 서형이의 말에서처럼 자녀들도 상상의 대상물을 다룰 수 있음을 인지할 필요가 있다. 아이들은 큰 수를 다룰 수 있다는 것에 대해 대단한 자부심을 갖는다. 물론 수들 사이의 관계에 대한 분명한 이해가 발달하지 않은 상태에서도 말이다. 한 사람은 손가락을 10개 가지고 있으므로, 한 사람씩 추가하면서 손가락의 수가 전부 몇 개 있는지를 알아보는 과정으로 10씩 뛰어 세기를 할 수 있다. 자녀의 수 세기 능력에 따라서 중간 중간에 틀릴 수도 있지만, 중요한 것은 10개씩을 한 묶음으로 묶어서 사고하는 능력의 발달이다. 십, 이십, 삼십, 사십과 같은 수어의 실수는 쉽게 수정될 수 있는 부분이지만, 이 일정 크기를 하나의 사고 단위로 생각하는 지적 능력의 발달은 이후의 수학 학습에서 중요한 토대가 된다. 뛰어세기는 묶어세기와 묶음의 수의 세기와 밀접한 관련이 있는 것이므로 세기 그 자체에 대한 관심 보다는 이에 대한 관심을 갖고 자녀의 뛰어세기를 관찰할 필요가 있다. 이와 관련된 다음 예를 살펴보도록 하자.

> 나: 서형아, 아빠는 눈이 몇 개 있어?
> 서형: 두 개.
> 나: 엄마는 눈이 몇 개 있어?
> 서형: 두 개.
> 나: 서형이는?
> 서형: 나도 두 개.
> 나: 서형아, 그러면 엄마, 아빠, 서형이의 눈을 모두 합하면 몇 개일까?
> 서형: (잠시 후에) 여섯 개.
> 나: 어떻게 알았어?
> 서형: 세 개 하고 세 개니까 여섯 개지.

나는 서형이가 나의 질문에 대답하기 위해서 잠시 동안 무엇인가를 했음을 인지할 수 있었기 때문에 이런 질문을 하였다. 예상 가능한 서형이의 대답은 각 사람의 눈을 하나,

둘, 셋, … 하면서 세거나, 앞서서 2개, 2개, 2개를 확인했었기 때문에 2개하고 2개해서 4개, 그리고 2개가 더 있으니까 6개지 정도일 것이다. 사실 나도 이런 종류의 대답을 할 것이라고 기대했었다. 그런데 서형이의 이 대답은 나를 놀라게 하였다.

> 나: 어떻게 한 거야?
> 서형: 아빠, 봐봐, (나의 오른쪽 눈을 가리키면서) 오른쪽 눈 하나, 또 오른쪽 하나, 또 오른쪽 하나, 오른쪽 눈이 세 개, 그리고 왼쪽 눈 하나, 왼쪽 눈 하나, 왼쪽 눈 하나, 왼쪽 눈 세 개. 그러니까 세 개하고 세 개니까 여섯 개지.

이 질문에 대한 서형이의 대답은 우리가, 즉 교육을 하는 사람은 누구나 다 "왜 그렇게 했어?", "어떻게 알았어?" 등과 같은 학습자의 사고 과정을 학습자에게 표출할 것을 요구하는 질문을 해서 학습자가 자신의 사고 과정을 표현할 수 있는 기회를 주어야 하는 이유를 웅변적으로 보여주고 있다. 내가 이 질문을 하지 않았으면, 서형이의 고유한 사고를 들을 수 있는 기회는 없어졌을 것이고, 나는 서형이의 지적 능력을 나의 잘난(?) 추측으로 제한시켜서 인지하게 되었을 것이다.

다시 서형이의 반응을 뛰어 세기와 관련해서 살펴보도록
하자. 서형이는 주어진 사물을 주어진 묶음으로 인지하기
보다는 자신의 방식대로 재묶음을 하여 인지하고 있다. 이
처럼, 학습자 스스로 주어진 대상을 자신의 목적에 맞게 조
작하는 능력의 발달은 유아기에 학습해야 할 중요한 학습
대상이다. 이는 사물을 낱개로 셀 때 자녀가 사용하는 인지
능력과는 매우 다른 인지 능력이기 때문이다.

우리가 일상생활에서 "1, 2, 3, 4, 5, …"와 같은 수를 사용
하는데, 이때 우리가 사용하는 수는 질적으로 다른 여러 가
지 의미로 사용될 수 있다. 예를 들어, 일단의 사물을 셀 때
"하나, 둘, …" 하는 반면에, 올림픽에서 각 국가가 획득한
메달의 수에 따라서 각 국가의 등위를 "1등, 2등, 3등, …"
하면서 매길 때도 수를 사용한다. 전자를 기수로서의 수라
고 하고 후자를 서수로서의 수라고 한다. 아이들은 자연스
럽게 서수로서의 수, 즉 순서수에 대해서 배울 필요가 있다.

일상생활 속에는 순서수가 가득 차 있기 때문에, 아이들
은 순서수를 자연스럽게 배울 수 있지만, 순서수의 학습에

앞서서 아이들은 순서에 대한 이해를 필요로 한다. 왜냐하면 '순서'라는 것이 그 순서가 무엇을 기준으로 해서 만들어진 것이냐에 따라서 매우 다양한 의미를 지니고 있기 때문이다. 서형이는 '순서'에 대한 의미를 구체적으로 나와 함께 학습한 경험이 없는 상태에서 한 영어책의 'Chapter 4'에 있는 '4'를 읽으면서 'four'라고 해서, 'fourth'라고 읽어야 함을 알려주었다. 우리나라 언어로도 '제4장'을 읽을 때 '4'는 네 번째 장이라는 의미로 순서수를 의미한다. 이처럼 순서수 또한 다양한 경우에 사용될 수 있기 때문에 주의를 요하는 학습 대상임에 틀림없다. 이 순서수의 발달은 이와 관련된 언어발달을 필요로 하기 때문에, 부모는 자녀들과 함께 일상생활 중 '먼저, 나중', 그리고 '먼저, 다음, 그다음, … 맨 마지막'과 같이 시간이 지남에 따라 발생할 수 있는 일련의 사건들의 지칭하는 언어들을 빈번하게 사용할 필요가 있다. 아이들이 제일 좋아하는 것은 '자신'이 무엇이든지 일등을 하는 것이다. 예를 들어, 자녀와 함께 다음과 같은 상황에서 순서수 학습을 할 수 있다.

- 아침에 가장 일찍 일어난 사람부터 말해보기. 특히, 자녀가 일찍 일어난 날에 이 활동을 하면 효과 만점이다. 또한, 자녀가 늦게 일어난 날에도 역시 효과 만점이다. 서형이가 외가에 있는 어느 날 늦잠을 자고는 늦게 일어났다. 내가 "오늘은 서형이가 꼴찌로 일어났다"고 하자, 서형이는 "아니야, 늦잠꾸러기 오빠는 아직도 자고 있어. 오빠가 꼴찌야"라고 말했다. 일상생활을 통해서 시간의 흐름에 따라 발생한 사건들을 순서에 따라 나열할 수 있고, 이를 적절한 언어로 표현할 수 있음을 알 수 있다.

- 나이에 따른 순서. 우리의 예절에는 장유유서 정신이 살아 있다. 따라서 많은 일상생활 중 어린 자녀보다 어른이 먼저 행동할 때까지 어린 사람들은 기다리는 풍습이 있다. 자녀가 매우 어린 시기에는 이런 풍습이 지켜지지 않지만, 이때마다 어른 먼저(예를 들어, '할아버지 먼저', 또는 '아빠 먼저')라는 말을 들으면서 자라기 때문에, 자녀는 차츰 어른이 먼저 하기를 기다리는 생활태도를 갖게 된다. 예를 들어, 크리스마스 선물 풀어보기를 하면서, "할아버지 선물은 무얼까?", "다음에 할머니 선물은 무얼까?", "아빠 선물은 무얼까?", "엄마 선물은 무얼까?", 그리고 "서형이 선물은 무얼까?"와 같은 이야기를 하는 가운데 '나이순서'를 이해할 수 있다. 이런 예가 좋은 점 중의 하나는 순서의 시작과 끝뿐만 아니라 비교 대상이 많아짐으로써 다양한 비교를 통한 순서 짓기에 대해서도 고민을 해 볼 수 있는 기회를 제공해 준다는 점이다.

- 질량의 무겁고 가벼운 정도에 따른 순서. 일반적으로 가정에 몸무게를 잴 수 있는 저울이 있다. 이 저울을 이용해서 자신의 몸무게를 일주일 단위 또는 한 달 단위로 측정해서 기록하도록 한다. 그러면 자신의 몸무게의 변화를 통해서 자신의 몸무게가 전보다 점점 더 무거워지고 있음을 알 수 있다. 서로 다른 사물들 사이의 양의 대소에 따라서 순서를 정하는 것과는 달리, 이런 경험을 통해서 한 대상의 변화량 사이의

크기의 대소에 따라서 순서를 정할 수 있음을 암묵적으로 인지할 수 있다.

- 자신이 좋아하는 사람의 순서 또는 자신을 좋아하는 사람의 순서. 아이들은 자신을 둘러싼 사람들이 자신을 얼마나 좋아하는가를 귀신같이 구분한다. "자신을 제일 좋아하는 사람은? 그다음은?, 그다음은? …" 하면서 질문을 하면 아이는 자연스럽게 좋아함의 정도를 암묵적으로 양화하게 된다. 부모들이 아이에게 자주하는 질문인 "아빠가 좋아?, 엄마가 좋아?, 누가 좋아?" 하는 질문에서 그치면 단순히 편 가르기에 지나지 않지만, 이를 확대해서 계속 질문을 해 가면 좋아함의 정도에 따른 순서 짓기로 발전시켜 갈 수 있다. 이와는 반대로, 누가 자신을 제일 좋아하는지를 물어 보는 것도 좋아함의 정도에 따른 순서를 경험할 수 있는 소재이다. 물론 단순히 좋아함의 정도에 따른 순서를 알아내는데 이 활동의 목적이 있는 것이 아니고 한 걸음 더 나아가, 왜 그런 순서로 대답을 한 것인지, 즉 자녀가 생각하는 좋아함의 기준은 무엇인지를 알아보는 것이 좋다. 또한, 이런 활동 속에는 자신이 가장 좋아하는 사람이 반드시 자신을 가장 많이 좋아하는 사람이 될 가능성이 없음도 확인할 수 있다. 즉, 쌍조건문에 대한 사고를 해 볼 수 있는 기회를 자녀에게 제공해 줄 수 있다.
- 키의 크기에 따른 순서. 가족 구성원 중에서 가장 키가 큰 사람부터 가장 키가 작은 사람의 순서로 나열하는 것도 좋은 순서수 학습 소재이다. 자녀의 나이에 따라서는 실제로 키의 순서에 따라서 일렬로 서 보는 행위를 동반해도 좋다.
- 등수에 따른 순서수. 유치원을 다니는 자녀들은 유치원 행사 중 각종 대회를 치른다. 서형이가 다니던 유치원에서는 '젓가락 집기 대회', '훌라후프 대회', '줄넘기 대회' 등과 같은 대회를 치렀다. '젓가락 집기 대회'는 한 접시에 있는 콩을 젓가락으로 집어서 다른 접시에 옮기는 것으로 가장 많은 콩을 옮긴 아이가 1등을 하는 대회였다. 이때 등수의 기준은

'옮긴 횟수'이다. 이 옮긴 횟수가 많고 적음의 순서에 따라
등수가 정해진다.

3

수 가르기

수 보존법칙

Jean Piaget, Child's Conception of Number

이제는 사물의 수 세기에서 일단의 사물을 작은 묶음으로 가르기 하는 활동으로 넘어가도록 하자. 자녀가 소량의 사물을 셀 수 있으면 이제 이 사물들을 가르는 활동, 즉 가르기를 할 수 있다. 물론, 이 가르기 활동은 다양한 방식으로 이루어질 수 있다. 먼저, 일정 양의 사물을 두 사람에게 나누기, 세 사람에게 나누기로 시작해서, 점점 더 많은 사람에게 나누기로 확대해 갈 수 있다. 또한 나눗셈의 기본 개념 중의 하나인 일정 양의 사물들을 똑같은 크기의 묶음으로 가르는 활동으로 확대해 갈 수도 있다.

내가 서형이를 데리고 이런 활동을 하는 것에 대해서 선행학습을 하는 것이 아니냐고 반문하는 부모가 있었다. 선행 학습과 자신의 능력에 맞는 내용을 학습해 가는 자기주도적 학습은 전혀 다른 차원의 학습 행위이다. 선행 학습은 학습자가 가까운 미래에 학습할 내용을 미리 학습하는 것을 의미한다. 선행 학습의 전제는 이 미래의 학습 내용이란 것이 학습자가 이해하기 어렵기 때문에 미리 학습 경험을 갖자는 것이다. 그런데 앞서도 진술하였듯이, 이해하기 어려운 내용을 학습자에게 이해할 것을 강요할 필요는 없는 것이다. 반면에, 현재 진행되는 학습은 학습자의 현재의 이해상태를 바탕으로 학습자가 이해해 갈 수 있는 정도에서 진행되기 때문에, 이는 학습자의 능력에 맞는 학습을 하고 있는 것이다. 오히려 **자녀의 학습 능력이 뛰어남에도 일반적으로 자녀의 연령대에 학습하는 내용을 학습할 것을 자녀에게 요구하는 것은 자녀의 지능 발달을 퇴화시킬 뿐만 아니라, 자녀의 지능 발달에 저해되는 도전 정신 내지 지적 호기심의 퇴화를 가져올 뿐일 것이다.**

자, 다시 수 가르기로 돌아가자. 실제 서형이와 한 소량의 사물 가르기 활동들을 살펴보도록 한다. 먼저, 소량의 사물을 두 사람(아빠와 자녀)이 가르는 활동을 한다.

> 나: 서형이가 사탕을 6개 가지고 있는데, 서형이하고 아빠하고 나누어 갖도록 하자. 아빠 몇 개 줄래? (아빠가 사탕을 가지고 있는 것으로 시작할 수 있으나, 아이들은 자신이 소유하고 있는 것을 좋아하는 경향이 있어서 일반적으로 자신이 가진 것으로 하자고 제안한다. 또한 이때 구체물을 가지고 하는 것도 좋지만, 손가락을 사용하는 것이 효과적이다. 서형이에게 손가락으로 사탕 6개를 표현하도록 한다.)
>
> 서형: 아빠는 2개만 가져. 나는 … 응 … 4개 가질래(서형이는 손가락 4개를 피고 나는 손가락 2개를 핀다).
>
> 나: 누가 많이 가지고 있어?
>
> 서형: 내가.
>
> 나: 몇 개?
>
> 서형: (앞서서 했던 것처럼 자신의 손가락 4개 중 2개와 나의 손가락 2개를 일대일 대응을 하면서) 두 개(이때 사물을 사용하면 자신의 것과 나의 것이 섞여서 혼란을 야기하기도 한다).
>
> 나: 아빠 것하고 서형이 것 하고 똑같아 지려면 어떻게 해야 해.
>
> 서형: (자신의 손가락 하나를 접고, 나의 손가락 하나를 피면서) 한 개.

이런 식으로 서로의 사탕의 수를 줄이고 늘리고 하면서 (0, 6), (1, 5), (2, 4), (3, 3), (4, 2), (5, 1), (6, 0)의 나누기를 시도한다. 적절한 시기에 다른 수를 가지고 같은 경험을 할 수 있도록 한다. 이때, 한 사람은 하나도 갖지 않는 경우도 발생시킴으로서 자녀가 수 0에 대한 기초 개념인 '없음'에 대해서 생각해 볼 수 있는 기회를 제공해 준다. 이와 같은 나누기 활동에 익숙해지면, 며칠 후에 같은 활동을 하면서 나눔의 결과인 작은 묶음들에 관심을 갖도록 하기 위해서 자신의 것과 나의 것이 몇 개씩 있는지를 명료하게 묻는 질문을 하는 것이 좋다. 현재 상태에서는 직관적으로 인식하고 있는 상태이다.

또 다른 기회에 이번에는 일정 양의 사물을 세 사람에게 나누어 주는 활동을 한다. 이때도 사람의 수는 3으로 고정되지만 각 사람이 가질 사물의 양은 열어 두는 열린 질문으로 시작한다+.

> 나: (예를 들어, 사탕 6개를 서형이가 가지고 있다고 가정하자.) 서형이가 가지고 있는 사탕 6개를 엄마, 아빠, 서형이 세 사람에게 나누어 주어봐.
> 서형: 아빠 0개, 엄마 3개, 나 3개씩 나누어 줄래.
> 나: 아빠도 먹고 싶은데….

+ 수학동화를 활용해서 자녀의 수학 학습을 도울 수 있다. 똑같이 나누기와 관련된 유용한 수학 동화로 "고양이 탐의 맛있는 나눗셈(어린이를 위한 수학교육연구회 역, 2012, 청어람미디어)"가 있다. 이 이야기를 바탕으로 한 수학 학습의 실제는 'chapter 3. 6.곱셈과 나눗셈'에서 확인할 수 있다.

서형: 뚱땡이 아빠는 먹으면 안 돼.
나: 알았어. 이번에는 뚱땡이 아빠도 먹고 싶어요. 엄마, 아빠,
　　서형이에게 다시 나누어 주세요.
서형: 아빠 1개, 엄마 2개, 나 3개.

　매우 다양한 방법으로 주어진 소량의 사물을 나눌 수 있다. 이때 나눈 결과에 초점을 맞추는 것이 아니라 다양한 방법에 초점을 맞추어야 한다. 이것이 자녀의 사고의 발달을 가져온다. 이후에 자녀에게 사람의 수를 정하도록 해서 각 사람에게 자신이 가지고 있는 사물을 나누어 주도록 한다. 다음과 같이 말할 수 있다.

　"서형아, 사탕 6개를 서형이 친구들에게 나누어 주려고 해. 나누어 주어 봐."

　이 질문을 살펴보면, 사람의 수가 정해져 있지 않다. 문제 해결자가 사람의 수를 정해야 하는 상황이다. 서형이는 이런 경우가 발생하면 자신이 사탕을 주고 싶은 친구 이름(예를 들어, 서준, 우성, 다빈, …)을 말하고 이들에게 자신의 선택에 따라서 사물의 수를 달리해서 나누어 준다. 서형이의 경우를 보면 똑같이 나누어 주지는 않았다.

4

큰 수 세기

아동의 실수는 좋은 학습 기회이다.
구성주의자들

일반적으로, 어린아이들의 일상생활 속 상황에서 다량의 사물을 실제로 세어야 하는 상황은 빈번하게 발생하지 않는다. 그렇다고 해서, 어린아이들이 큰 수 세기를 경험할 수 있는 상황이 전혀 발생하지 않는 것은 아니다. 앞의 뛰어세기 부분에서 진술한 바와 같이, 어린아이들은 손가락, 발가락 등과 같은 실물을 사용해서 큰 수 세기를 경험할 수 있을 뿐만 아니라, 상상의 사물을 대상으로 큰 수 세기를 할 수 있다. 서형이의 경우, 추석에 증조할아버지 산소에 성묘를 가는 도중에 자그마한 산 하나를 지나면서 재미삼아 이 산에 떨어진 밤을 줍는다. 온 가족이 다 주은 밤들을 이 두 아이(서형이와 서형의 사촌오빠)에게 주기 때문에 제법 많은 밤알을 줍게 된다. 성묘를 마치고 오는 도중에 차 안에서 사촌 오빠인 주형이와 함께 각자 몇 알의 밤알을 주었는지, 누가 몇 개 더 많은지, 다 합하면 모두 몇 개인지 등 수학 관련 활동을 한다. 또는, 이웃으로부터 동화책 전집을 물려받으면, 이 책들을 함께 깨끗하게 닦은 후 책꽂이에 정리하면서 한 권, 한 권 세어서 전부 몇 권인지를 세기도 한다. 이런 전집들은 보통 40권에서 50권으로 이루어져 있어서 아이들이 큰 수 세기를 할 수 있는 좋은 소재가 된다. 또는 자녀가 유치원을 다니면, 자신의 학급 아이들 또는 유치원 행사 중에 함께한 아이들과 찍은 사진이 있을 것이다. 이 사진 속 아이들의 수를 세어 보는 것도 좋은 큰 수세기를 위한 소재이다. 그런데, **더 좋은 소재는 아이들의 수 세기 능력을 벗어나는 대상물을 대상으로 수 세기를 해보는 것이다.** 예를 들어, 공원에 있는 나무를 보고 그 나무에 있는 잎사귀 또는 열매의 수를 세어 보거나, 밤하늘에 떠있는 별을 세어 보는 것이다. 어린아이에게 그 아이의 수 세기 능력을 벗어나는 수 세기를 부과하는 대부분의 경우에, 부모는 자연스럽게 자녀가 어디까지 실수 없이 셀 수 있는지, 작은 수를 셀 때와 달리 큰 수를 세는 과정에서 어떤 오류를 보이는지 등을 점검해 볼 수 있다. 이때 나타나는 자녀의 한계는 자녀의 현 시점에서의 수학적 능력을 표현하는 것이므로, 부모는 이를 토대로 무엇을 할 것인지를 준비할 수 있다. 앎이란 무엇을 모르는지를 알 때 좀 더 쉽게 접근할 수 있는 것이다. 일상생활에서 실제로 많은 양을 세어야 하는 상황은 자주 발생하는 상황이 아니기 때문에, 부모가 많은 양을 세어야 하는 상황을 인위적으로 발생시킬 필요가 있다. 이때 주의할 것은 이 세어야 할 대상물이 발가락, 밤과 같이 어린 자녀가 자신들의 일상생활을 통해서 경험해 본 적이 있는 것으로 익숙한 것이어야 한다는 점이다. 그리고 나서, 점차적으로 경험해 보지 못한 대상물, 현실에 존재하지 않는 가공의 대상물 등으로 그 범위를 확대해 간다. 이런 구분이 필요한 것은 어린아이들이 대상물을 다루는 데 있어서 그들이 다루는 대상물의 추상의 정도가 심하면 심할수록 아이들은 그 대상물을 대상으로 추상적 사고 작용을 하기 어렵다는 것이 연구 결과이다.

많은 양의 사물을 셀 때 다시 어린 자녀들과 함께 해야 할 것이 있는데, 그것은 그들 수 사이의 관계에 대한 탐구이다. 이 관계 탐구를 할 수 있는 상황이면 언제든지 하도록 한다. 그런데, 한 가지 주의할 점이 있다. 그것은 자녀가 이제 막 큰 수의 세기 또는 많은 양의 사물을 셀 수 있을 때는 자녀가 이 큰 수의 세기에 보다 익숙해질 때까지 시간적 여유를 갖아야 한다. 이런 큰 수의 세기 및 많은 양의 사물 세기에 익숙하지도 못한 상태에서 큰 수들 사이의 관계를 탐구하는 것은 마치 설익은 감을 먹는 것과 같은 결과를 초래할 뿐이다. 따라서 사물을 자유자재로 셀 수 있은 연후에 자녀와 함께 큰 수들 사이의 관계 탐구를 하도록 한다.

10개 이하의 사물과 10 이하의 수를 대상으로 했던 것과 마찬가지로, 큰 수 또는 많은 양의 사물들을 대상으로도 여러 가지로 가르기와 모으기를 하도록 한다. 예를 들어, 20은 10과 10, 2와 18 등 다양한 방법으로 가르기를 할 수 있고, 또한 가른 것을 다시 모으기 할 수 있으며, 한 걸음 나아가 작은 수를 가지고 했던 것처럼 이 큰 수(예를 들어,

15)로도 4, 5, 6, 또는 10, 3, 2 등처럼 3개의 작은 수로 나누거나 3, 4, 5, 3처럼 4개의 작은 수로 나누거나, 5개의 작은 수 등으로 나누는 활동을 할 수 있다. 이때 한 걸음 더 나아가, 가능한 모든 경우로도 나누는 활동도 시도해 볼 수 있다. 물론, 이 활동을 잘할 수 있는 아이는 거의 없다. 이런 활동은 초등학교 4학년 학생들도 거의 실패하는 활동이다. 그럼에도 이런 활동을 어린 자녀에게 해 볼 것을 요구하는 것은 어린 자녀가 할 수 있을 것을 기대하기보다는 이 활동을 통해서 점차적으로 자료를 정리하는 전략, 주어진 자료를 체계적으로 처리하는 전략 등 지금까지 자신이 경험하지 못한 사고 전략들을 발달시킬 수 있는 초기 경험을 제공해 주는 데 있다. 물론, 이런 활동의 형식적인 전개는 이후에 자녀의 수학적 능력에 발달에 맞추어 이후에 다시 함으로써, 자녀의 사고의 발달을 촉진할 수 있는 것이다. 어느 한 시기에 갑작스럽게 특정한 사고의 활용 또는 발달을 요구하는 활동을 자녀에게 제공하는 것으로는 현재 학교수학 교육에서 그러하듯이 그 사고의 활용 및 발달을 불러일으키기보다는 오히려 실패감만 자녀에게 줄 가능성이 높다.

5

덧셈과 뺄셈

천릿길도 한 걸음부터
한국 속담

덧셈과 뺄셈 중 먼저 덧셈에 대해서 생각해 보자. 물론, 우리는 유아들을 대상으로 하는 덧셈에 대해서 생각하는 것이므로 덧셈식은 우리의 관심사가 아니다. 우리의 관심사는 유아들이 덧셈이 무엇인지를 이해하고 덧셈을 할 수 있는 데 있다. 방금 한 진술을 읽은 독자들 중 일부는 이 진술 중의 일부인 "덧셈이 무엇인지를 이해하고"에서 잠시 멈추었을 것이다. 왜냐하면, 다수의 일반인들은 학교수학을 공부하는 가운데 수학이 담고 있는 개념에 대해서 구체적으로 학습해 본 경험이 없는데 덧셈도 예외가 아니기 때문이다. 덧셈을 할 줄 알면 되지 하는 독자들도 있겠지만, 덧셈을 학습하는데 있어서 중요한 것은 계산도 중요하지만 더 중요한 것은 덧셈이 무엇인지를 이해하는 것이다. 우리는 다음의 서로 다른 두 가지 상황에서 덧셈을 사용한다.

- 첨가. 한 나무에 아빠 참새 한 마리, 엄마 참새 한 마리 모두 두 마리의 참새가 놀러 나간 새끼 참새들을 기다리면서 지지배배 노래를 하고 있습니다. 늦은 시간이 되어서, 놀러 나갔던 새끼 참새 3마리가 돌아왔습니다. 이 나무에는 참새가 모두 몇 마리 있습니까?
- 합병. 서형이의 오른쪽 주머니에는 10원짜리 동전이 3개 있고, 왼쪽 주머니에는 10원짜리 동전이 2개 있습니다. 서형이는 이들 10원짜리 동전들을 모두 꺼내어 새로 산 동전지갑에 넣었습니다. 이 동전지갑에 있는 10원짜리 동전의 수는 모두 몇 개 입니까?

첫 번째 상황을 "첨가"라고 하고, 두 번째 상황을 "합병"이라고 하며, 이 두 상황을 모두 덧셈이라고 한다. 자녀들이 일상생활에서 흔하게 접하는 덧셈 상황은 합병으로서의 덧셈보다는 첨가로서의 덧셈이다. 따라서 자녀가 빈번하게 접해서 그들이 익숙한 이 첨가로서의 덧셈 상황을 소재로 하는 덧셈을 자주 할 필요가 있다. 이때 자녀가 주의를 해

야 하는 부분은 덧셈의 결과 그리고 덧셈의 계산 과정이 아
니라 덧셈을 하는 상황에서 우리가 고려해야 하는 세 가지
구성요소와 덧셈 행위이다. 물론, 이 말이 결과 및 계산 과
정이 중요하지 않다는 것을 의미하지는 않는다. 이 세 가지
구성요소와 덧셈 행위가 이들 보다 더 근본적인 학습의 대
상이라는 점이다.

이 세 가지 구성요소는 다음과 같다. 첨가 상황의 경우,
초기량이 있고 추가되는 추가량이 있고 초기량과 추가량이
합해진 전체량이 있다. 이 각각을 학교수학에서는 순서대
로 '더해지는 수', '더하는 수', 그리고 '합'이라고 부른다.
그리고 "추가되는"이 덧셈 행위에 해당된다. 합병 상황의
경우, 초기량이 두 개 있고, 이 두 초기량을 합해서 전체량
이 생긴다. 이 각각을 역시 학교수학에서는 '두 개의 더하
는 수'와 '합'이라고 부른다. 덧셈은 이들 세 구성요소 간의
관계로 맺어지는 것이기 때문에, 덧셈을 학습해야 하는 자
녀에게는 정신적으로 이 세 구성요소 및 덧셈 행위에 대한
명백한 구별을 할 수 있어야 한다.

위의 첫 번째 예로 자녀와 함께 덧셈을 하는 상황을 가정

하면서 이야기를 풀어 가면 다음과 같을 것이다. 자녀와 함께 이야기 하는 과정에서 "처음에 나무에 있었던 참새가 모두 몇 마리였지?", "나중에 집에 온 새끼 참새는 모두 몇 마리 였지?", 그리고 "새끼 참새가 오고 난 후 나무에 있는 참새는 모두 몇 마리이지?" 등 이 이야기에 나오는 세 집단에 대해서 자녀가 명백하게 생각해 볼 수 있는 기회를 제공해 주어야 한다. 앞의 수 세기에서도 강조한 바처럼, 자녀가 이 소집단들에 대해서 정신적으로 상상할 수 있을 때, 자녀는 비로소 자신이 다루어야 할 대상을 자유자재로 다룰 수 있다. '초기량', '추가량', '전체량'과 같은 용어는 현재 어린 자녀와의 학습에서 주요한 학습 대상이 아니다. 현재 중요한 학습 대상은 어린 자녀가 이와 같은 세 구성요소를 정신적으로 구분해 내고 이들 세 구성요소에 덧셈이라고 정신작용을 가할 수 있는 지적 능력을 발달시키는 것이다. 서형이가 만 5세가 될 무렵에 나와 서형이가 한 덧셈 상황을 이용한 문제해결을 살펴보도록 하자.

나: 아빠가 서형이한테 사탕을 세 개 주었고, 엄마도 서형이에

게 사탕을 몇 개 주었어. 엄마가 몇 개 주었는지는 모르겠
는데, 서형이 손에 있는 사탕을 모두 세어보았더니 전부
일곱 개 있었어. 엄마가 서형이에게 준 사탕의 수는 몇 개
일까요?

서형: 네 개.

나: 어떻게 알았어?

서형: 봐, 아빠가 세 개 주었지(손가락 세 개를 편다), (손가락
을 하나씩 펼쳐가면서) 네 개, 다섯 개, 여섯 개, 일곱 개.
하나, 둘, 셋, 넷. 엄마가 네 개 주었어.

이것은 $3+x=7$로, 일부 초등학교 1학년 학생들조차 '더
주었다'는 표현과 문제 제시 중 나온 '3과 7'을 더해서 10을
답으로 한다. 이는 계산 중심의, 계산 결과 중심의 사고가
빚어낸 폐해이다. 그동안 덧셈 상황을 해결하는 가운데 나
와 서형이가 늘 이 세 구성요소에 대해서 명확하게 구분하
는 정신 행위를 했기 때문에, 서형이가 이것을 할 수 있는
것이라고 나는 판단한다. 나는 서형이가 한 번에 이것을 하
는 것을 보고 "매우 잘했다. 이것은 1학년 언니 오빠들이
배우는 것인데 어떻게 유치원생인 서형이가 잘했을까?" 하
면서 칭찬해 주었다. 서형이는 이날 이후로 계속해서 이런
문제 상황을 이야기해 달라고 했다. 이런 경험을 자주 한
후, 어느 날 서형이는 나에게 다음과 같이 제안하였다.

서형: 아빠, 내가 문제 낼게 맞춰봐.

나: 무슨 문제인데, 어렵지 않은 것으로 내야 해.

서형: 내가 아빠한테 과자를 다섯 개 주었어. 엄마도 몇 개를 아빠한테 주었어. 아빠가 열 개 가지고 있어. 엄마가 아빠한테 몇 개 준 것이야?

나: 서형이가 다섯 개 주었고 (왼손가락 다섯 개를 펼쳐 보인다), 엄마가 또 주었지. (오른손가락으로 세면서) 여섯, 일곱, 여덟, 아홉, 열. 모두 열 개지. 그러면 엄마가 준 것은 하나, 둘, 셋, 넷, 다섯. 다섯 개네.

서형: (깔깔 웃으며) 잘했어, 아빠.

이처럼 문제를 만드는 것은 개념을 충분히 이해했을 때 가능하다. 물론 서형이의 경우, 나에게서 이런 비정형적인 덧셈 문제 상황을 접한 후 서형이가 처음으로 시도한 문제 만들기는 세 구성요소 사이의 불명료한 관계 설정으로 인한 오류가 있었다. 예를 들면, "내가 아빠한테 과자를 5개 주었어. 엄마도 4개를 아빠한테 주었어. 아빠가 9개 가지고 있어. 엄마가 아빠한테 몇 개 주었어?"이다. 즉, 미지수로 설정할 부분을 기지수로 설정하는 오류이다. 그러면, 나는 모른 체하고, "'서형이가 아빠한테 과자를 5개 주었어. 엄마도 몇 개를 아빠한테 주었다는 것이지. 그랬더니, 아빠가 가지고 있는 것이 9개가 되었어. 엄마가 아빠한테 몇 개 준 것이야?'라고 말하고 싶었던 것이야?" 라고 말한다. 자녀가 보일 수 있는 이런 실수에 대한 부모의 반응에 대해서는 이미 전술한 바 있으니, 다시 한 번 읽어 보고 넘어가기 바란다.

물론, 자녀가 이런 상황에 익숙해지면, 미지수가 처음에 있는 덧셈 상황을 제시해도 자녀는 그 상황을 훌륭하게 해결해 낼 것이다. 예를 들어, "서형이가 사탕을 몇 개 가지고 있었어. 아빠한테 네 개를 주었더니, 서형이가 가지고 있는 것은 세 개였어. 서형이는 처음에 몇 개를 가지고 있었을까?" 즉, **덧셈에서 미지수가 더해지는 수(초기량), 더하는 수(추가량), 그리고 합(전체량) 각각에 있는 경우에 대해서 자녀가 덧셈 경험을 할 수 있는 상황을 제공해 주는 것이 필요하다.** 이런 과정으로 나아가는 것은 전적으로 자녀의 반응에 달려있다. 자녀가 올바르게 수행하면 점차적으로 어려운 상황을 제시해 줄 수 있지만, 그렇지 않은 상황에서 무리하게 이런 상황들을 제시해 줄 필요는 없다. 이 모든 것은 부모의 자녀의 이해 정도에 대한 이해에 달렸다.

또한, **덧셈과 관련해서 한 가지 더 제공해야 할 상황은 연속된 덧셈상황이다.** 가장 기본은 두 양, 즉 두 수의 덧셈이지만, 덧셈은 두 양의 합으로만 이루어지는 것은 아니다. 덧셈은 세 양, 네 양 등으로도 이루어진다. 다음의 서형이와 나 사이의 대화를 살펴보자.

> 나: 서형아, 서형이한테 할아버지가 사탕 세 개, 할머니가 두 개, 아빠가 세 개, 엄마가 두 개 주었어. 서형이가 받은 사탕은 모두 몇 개이지?
> 서형: (손가락을 움직이면서) 세 개, 두 개, 다섯 개. 아빠가 몇 개 주었다고 했지?
> 나: 세 개.
> 서형: (손가락 여덟 개를 펴 보이며) 여덟 개. 엄마는?
> 나: 두 개.
> 서형: (손가락 열 개를 펴 보이며) 열 개.

서형이의 반응으로부터 알 수 있는 것은 어린아이들은 여러 개의 주어진 소집단의 크기를 정신적으로 또는 매개물을 이용해서 기억하는 방법에 대해서도 학습해야 한다는 점이다. 이를 위해서, 자녀는 종이 위에 할아버지가 자신에게 준 사탕의 수를 그리거나, 아니면 좀 더 추상적으로 할아버지하고 할아버지가 준 사탕의 수를 적거나 하는 등의 전략을 개발해야 한다. 처음 이런 활동을 하는 자녀는 대부분 사람 전체를 그리려는 경향이 있는데 자녀가 원하는 대로 하게 놓아둔다. 이런 경향은 차츰 쇠퇴하게 되는데, 이는 자신에게 주어진 문제 상황, 또는 자신의 전략에 대한 경제성 등에 대한 자각으로부터 발생한다. 서형이와 나 사이에 있었던 경험들을 바탕으로 판단을 해 보자면, 오히려 이런 그리기 활동은, 서형이의 경우는 특히, 자녀의 흥미를 떨어뜨릴 가능성이 매우 높다. 그림 그리기에 열중하다 보면, 자녀의 흥미가 수학 학습으로부터 다른 흥밋거리로 전이되어 가는 경우를 종종 보게 될 것이다. 하지만 단지 정신적으로 이들 소집단들을 다루면서 덧셈을 해 가는 것은 정신을 분산시키지 않으면서 현재의 덧셈 상황에 관심을 유지시킬 수 있도록 해 준다.

이제 뺄셈에 대해서 알아보도록 하자. 대부분의 독자, 아니 모든 독자들이 뺄셈을 할 수 있을 것이다. 그런데, 독자들에게 "뺄셈은 무엇인가?"라는 질문을 하면, 이 질문에 대답할 수 있는 독자들은 그리 많지 않을 것이다. 덧셈을 설명하면서 '첨가'와 '합병'에 대해서 이야기를 했듯이, '덜어내기(이를 전문용어로는 구잔)'와 '비교하기(구차)'를 모두 총칭해서 부르는 말이 뺄셈이다. 이 둘의 예를 들어 보자.

- 덜어내기. 한 그루의 나무에 참새가 다섯 마리 있었다. 그런데 이 중 세 마리가 먹이를 구하려고 이 나무를 떠났다. 이 나무에는 몇 마리의 참새가 남아 있는가?
- 비교하기. 서형이의 나이는 다섯 살이다. 주형이의 나이는 여덟 살이다. 주형이는 서형이보다 몇 살 더 많은가?

자녀가 일상생활에서 흔하게 접하는 뺄셈 상황은 비교하기로서의 뺄셈보다는 덜어내기로서의 뺄셈이다. 따라서 자녀가 빈번하게 접해서 그들이 익숙한 이 덜어내기로서의 뺄셈 상황에 익숙해지도록 해 주는 것이 필요하다. 물론 거의 동시에 비교하기로서의 뺄셈 상황도 명료하게 경험할 수 있도록 해 줄 필요가 있다. 이는 "서형이는 사탕을 5개 가지고 있고, 아빠는 사탕을 2개 가지고 있는데, 누가 몇 개 더 많이 가지고 있는가?"처럼 두 양 중의 어느 한 양이 얼마나 더 많은지를 묻는 상황을 설정하면 된다. 덧셈에서와 마찬가지로, 뺄셈을 하는 가운데 있어서도, 특히 뺄셈을 처음 하는 시기에는, 우리가 초점을 두어야 하는 것은 뺄셈의 결과 또는 뺄셈의 계산 과정이 아니라 뺄셈상황에 관련된 세 가지 구성요소와 뺄셈 행위이다.

이처럼 각 수학적 지식과 관련된 근본적인 요소들에 대

한 개념을 학습자들이 이해해야지만 학습자들은 학습한 지식들을 바탕으로 새로운 지식을 이해할 수 있는 것이다. 학습자가 학습한 지식이 이해를 바탕으로 하지 않고 암기에 의한 것이라고 하면 그 결과는 암기한 그것과 똑같은 또는 매우 유사한 상황에서만 작용할 수 있는 것이다. 덜어내기 상황의 경우, 초기량이 있고, 이 중 빼어내야 할 양과 빼고 나서 남은 양 해서 세 가지 요소가 있으며, 덜어내기라는 뺄셈 행위가 있다. 비교하기 상황의 경우, 초기에 비교대상인 두 양이 있고 이 두 양의 크기의 차라는 세 번째 양이 존재한다. 여기서는 비교라는 행위가 존재한다. 학교수학에서는 순서대로 '빼어지는 수', '빼는 수', 그리고 '차'라고 이들을 부른다. 그리고 "제거하기, 덜어내기" 또는 "비교하기, 몇 개 더" 등과 같은 행위들이 뺄셈 행위에 해당된다. 뺄셈 또한 이들 세 구성요소와 뺄셈 행위와의 관계로 맺어진 연산이기 때문에, 뺄셈에 대해서 학습해야 하는 자녀는 정신적으로 이 세 구성요소와 뺄셈 행위에 대한 명백한 구별 및 관계에 대한 이해를 할 수 있는 지능이 발달해 있어야 한다. 위의 덜어내기 상황을 예로해서 자녀와 함께 뺄셈을 하는 상황을 가정하면서 이야기를 풀어 가면, "처음에 나무에 참새가 몇 마리 있었어?", "처음에 있던 참새 중 몇 마리가 날아갔어?", "남아 있는 참새는 몇 마리야?" 하면서, 자녀가 주어진 문제 상황에서 덜어내기를 하기 위해서 필요한 세 소집단에 대해서 명확히 구분할 수 있어야 한다.

앞의 수 세기에서도 강조한 것처럼, 자녀들은 보통 낱개를 대상으로 수학적 사고를 하다가 묶음, 즉 소집단을 대상으로 수학적 사고를 하다가 이 소집단들 중에서도 특히 동량이 있는 집단들을 대상으로 수학적 사고(곱셈, 나눗셈, 분수 등)를 해 간다. **그런 점에서 자녀가 유아시기에 덧셈과 뺄셈을 학습하면서 경험해야 하는 사고는 이 과정에서 발생하는 소집단들에 대한 사고 능력의 발달이다.** 서형이가 만 5세를 만 넘어설 무렵에 나와 서형이가 한 뺄셈 상황을 이용한 문제해결을 살펴보도록 하고, 이로부터 비정형적인 뺄셈 문제 상황으로의 이동을 살펴보도록 한다.

> 나: 아빠가 사탕이 열 개 있었어. 그래서 그중에 여덟 개를 서형이에게 주었어. 아빠는 몇 개를 가지고 있을까?
> 서형: 두 개.

나: 어떻게 알았어?

서형: 봐, 아빠가 열 개 있었다고 했지(내 두 손을 모두 펼치게 한다.), (내 손가락을 하나하나 접어가면서), 하나, 둘, 셋, 넷, 다섯, 여섯, 일곱, 여덟. 여덟 개 주었잖아. 그러니까 두 개 남았지.

어떤 아이는 사물을 이용해서 이런 뺄셈 상황을 해결할 수도 있다. 중요한 것은 아이가 전략을 선택하도록 아이에게 사용할 전략의 선택권을 부여하는 것이다. 부모가 원하는 또는 부모가 전달해 주고자 하는 전략을 사용할 것을 강요해서는 안 된다. 또한, 이런 상황에서 자녀가 한 가지 방법만을 즐겨서 사용한다면, 자녀에게 다른 방법으로 답을 구해 보라고 요청한다. 이런 요청이 자녀의 지적 발달을 자극하고 가능케 해 준다. 사람은 누구나 자신이 익숙한 사고방식을 사용하고 새로운 사고를 하지 않으려는 경향이 있는데, **이런 경향을 완화시킬 수 있는 지적 경험 중의 하나가 자녀 스스로 한 가지 상황에 대하여 여러 가지 서로 다른 방법, 전략들을 찾아내는 경험을 하는 것이다.** 서형이의 경우, 여덟 개를 빼는데 하나씩 감해 가는 방법에서 초기량과 감량 사이의 관계를 파악하고 감량을 네 개와 네 개로

분해해서 다섯 개에서 네 개를 빼서 한 개를 얻고 또 다섯 개에서 네 개를 빼서 한 개를 얻고 각각 얻은 한 개씩을 더해서 두 개를 구한다. 이런 방법 말고도 다양한 방법으로 답을 구할 수 있다. **어떤 방법을 사용하는지도 물론 중요하지만, 학습에서 더 중요한 부분은 그 방법 자체를 누가 구상해 내는가 하는 것이다.** 부모는 자녀들에게 그들이 그런 능력이 있다는 믿음을 갖고 인내하며 기다려 주는 배려심을 보일 필요가 있으며, 자녀가 구상해 낸 아이디어가 자녀와 부모 사이의 관심의 대상이 되어야 한다.

이제, 덧셈에서와 마찬가지로 비정형적인 뺄셈 상황에 대해서 살펴보도록 하자.

> 나: 아빠가 사탕이 다섯 개 있는데, 서형이에게 이 중에서 한 움큼 집어서 주었어. 몇 개를 주었는지는 모르겠는데, 아빠 손에 남아 있는 사탕은 두 개야. 아빠가 서형이에게 준 사탕은 몇 개일까?
> 서형: (내 손가락 다섯 개를 펼치며) 다섯 개 있었지, (하나씩 접으면서) 네 개 남았지, 세 개 남았지, 두 개 남았지. 몇 개 주었어. 세 개 주었지.

이 뺄셈 상황은 $5 - x = 2$로 미지수가 차가 아니라 미지수가 '빼는 수'라는 점에서 일반적인 뺄셈과는 차이가 있다. 앞서서 말한 것처럼, 세 요소 사이의 관계에 대해서 분명한 이해를 하지 못한 아이는 이 문제 속에 있는 "주었는데, 남았는데"와 같은 용어들에 대한 이해 및 그들 사이의 관계 설정의 미숙으로 인해서 다양한 오답을 보인다. 나는 서형이가 하는 반응을 보고 "매우 잘했다. 2학년 언니 오빠들이 배우는 것인데 유치원생이 서형이가 잘하네"라고 칭찬해 주었다. 이런 칭찬을 들은 서형이는 언니 오빠들이 하는 것을 자신이 할 수 있다는 자부심으로 내게 "언니 오빠들이 하는 것 할 수 있게 해 줘" 하며 수학을 즐긴다. 지속적으로 진술하고 있는 것이지만, 자녀에게 문제를 낼 때 자녀의 현재의 이해상태를 바탕으로 해야 한다. 물론, **자녀의 이해를 바탕으로 할 때 부모의 자녀학습발달사에 대한 이해가 깊어질수록 자녀의 이해의 폭과 넓이를 세분할 수 있으며, 이를 바탕으로 자녀가 학습할 적절한 내용을 선정해서 제시해 줄 수 있다.** 절대로 교과서에 제시되어 있는 순서대로 자녀가 학습할 내용을 선정하면 되겠거니 하는 막연한 생각은 하지 않는 것이 좋다.

자, 이제 또 하나의 비형식적 뺄셈 상황에 대해서 살펴보도록 한다. "서형아, 아빠의 주먹에 사탕이 몇 개 있어. 이중에 사탕 세 개를 서형이에게 주었어. 서형이에게 사탕을 주고 난 후, 아빠 주먹에는 두 개가 남아 있어. 처음에 아빠 주먹에는 사탕이 몇 개 있을까?"와 같은 미지수가 '빼어지는 수'에 있는 상황을 고려해 볼 수 있다. 이런 상황도 자녀와 함께 해결하는 시간을 가질 수 있다. 물론, 이 문제를 수식으로 표현하면 $x-3=2$의 뺄셈이지만, 자녀들이 이 문제를 해결할 때는 자신에게 준 세 개와 남아 있는 두 개를 합쳐서 처음에 다섯 개가 있었다고 계산한다. 즉, 아이들은 $x-3=2$를 $x=3+2$로 변환해서 해결한다. 그것도 어린 유아들이 이런 변환을 시도한다. 부모가 의도한 대로 자녀가 사고하는지가 중요한 것이 아니라 자신만의 방식을 찾아냈는가 하는 것이 중요한 것이다. 덧셈에서 설명한 것처럼, 비정형적인 연산을 수의 크기를 확대해 가면서 지속적으로 진행할 필요가 있다. 자녀가 지속적으로 이런 종류의 문제 상황들에 접하면서 자녀가 스스로 이들 사이에 공통적으로 존재하는 수학적 사실을 찾아낼 때 비로소 자녀는 이런 활동을 더 이상 할 필요가 없는 것이다. 그 시기는 자녀마다 다르다. 이 시점에서 다시 한 번 강조하고자 하는 것은 자녀가 수학적 사실을 많이 알고 있는 것이 중요한 것이 아니라, **자신이 경험한 수학적 사실들, 정리들 등의 수학적 대상들 사이의 공통점을 찾아내는 수학적 능력의 발달이다.**

다시, 뺄셈의 비정형문제로 돌아가도록 하자. 비정형적인 덧셈 상황에서 보인 반응과 마찬가지로, 서형이는 비정형적인 뺄셈 상황을 여러 차례 경험한 후에 나에게 다음과 같은 뺄셈 문제 상황을 제시하였다.

> 서형: 아빠, 내가 문제 낼게. 맞춰봐.
> 나: 서형이가 아빠한테 문제를 낸다고? 어떤 문제일까 궁금한데.
> 서형: 엄마가 사탕을 가지고 있었어. 나한테 두 개 주었어. 그리고 엄마는 세 개 가지고 있어. 엄마가 몇 개 가지고 있었어?
> 나: (왼손으로 손가락 두 개를 펴고 오른손으로 손가락 세 개를 펴면서) 서형이한테 두 개 주고 엄마가 세 개 가지고 있고, 그러면 다섯 개 가지고 있었네.
> 서형: 우리 아빠 잘했어.

이와 같은 것을 문제만들기라고 한다. 자녀가 만들어 낸 문제는 자녀의 수학적 능력을 가늠하는 척도가 된다는 점에서 중요하다. 반드시 그런 것은 아니지만, 자녀가 만든 수학 문제는 자녀가 이해하고 있는 수학적 능력의 현실화라는 점에서 매우 가치 있다. 그런데 이 또한 초기에는 자신이 알고 있는 매우 단편적인 지식들을 토대로 문제를 만드는 시기가 있는데, 우리는 이를 바탕으로 자신이 알고 있는 모든 지식들을 동원해서 문제만들기를 할 수 있는 능력을 계발할 수 있도록 도움을 주어야 한다. 그런데 이 부분이 학교수학교육에서 소홀히 이루어지고 있는 점임을 부모는 이해해야 한다. 문제만들기가 학교수학교육에 분명히 존재하지만, 학생들이 문제를 푸는 것도 잘하지 못하는데 자신들이 알고 있는 또는 배운 바로 그 지식만으로라도 문제만들기를 하면 다행이라는 생각이 깔려 있는 듯하다. 이런 접근에서 벗어나, 학생들이 지식을 스스로 구성할 수 있는 지적 능력이 있음을 인정한다면, 앞서 말한 것처럼, 자녀들은 점차 여러 수학적 지식들을 대상으로 문제만들기를 하는 경험을 할 필요가 있는 것이다. 물론, 학생들은 이런 경험이 없고, 심지어 이런 경험은 성인인 부모나 교사에게도 쉽지 않은 것이기 때문에, 자녀들에게 이런 지적 활동을 요구하였을 때 여러 실수를 저지를 것이다. 그러나 한 번 해 보고, 또 한 번 해 보고 하면서 자녀들은 이런 복잡한 사고를 성공적으로 수행할 수 있는 지적 능력을 성장 발달시켜 갈 수 있다.

점차 자녀가 두 수의 뺄셈에 익숙해짐에 따라 연감산(連減算)도 시도해도 된다. 즉, 연감산이란 뺄셈을 연속적으로 여러 차례에 걸쳐서 하는 것을 의미한다. 예를 들어 설명하면, "서형아, 아빠가 사탕을 열두 개 가지고 있어. 서형이에게 세 개, 서준이에게 세 개, 우성이에게 두 개, 다빈이에게 두 개 주었어. 아빠한테 몇 개 남아 있을까?"와 같은 뺄셈처럼, 뺄셈을 여러 번하는 뺄셈을 연감산이라고 한다. 자녀는 그림으로 열두 개를 그리거나, 손가락으로 열두 개를 만들고 나서 각 아이에게 준 수 만큼의 그림을 지우거나 손가락을 접으면서 뺄셈을 해 나갈 것이고, 두 개라는 답을 구할 수 있을 것이다. 이런 연감산은 5 이하의 수, 10 이하의 수, 20 이하의 수로도 할 수 있지만, 이때 주의해야 할 점은 "전에도 이런 방법으로 풀었는데, 다른 방법으로도 해 볼 수 있지 않을까? 다른 방법으로 해 보자"와 같은 말을 함으로써 자녀가 다양한 전략을 세워서 연감산을 할 수 있도록 장려하는 것이다. 다시 강조하지만, 답, 즉 결과에 초점을 두지 말고 사고과정 및 그 사고의 질에 초점을 맞추면서 자녀와 함께 학습 경험을 할 필요가 있다.

6

곱셈과 나눗셈

2×3=6은 "2개씩 3 묶음은 6입니다"라고 읽는다.
김진호

    일반적으로, 학교수학에서는 나눗셈보다는 곱셈을 먼저 학습한다. 왜냐하면, 나눗셈은 곱셈의 역연산이라고 생각하기 때문이다. 이는 수학적으로 옳은 생각이다. 그러나 곱셈과 나눗셈의 학습에서도 이 순서대로 학생들이 이들 지식을 학습해야 하는 것인가에 대해서는 의문의 여지가 있는 것은 사실이다. 수학사를 살펴보아도 곱셈 알고리듬이 나눗셈 알고리듬보다 일찍 완성된다. 곱셈과 나눗셈을 이처럼 계산이라는 관점에서 접근하면, 분명 나눗셈보다 곱셈을 먼저 학습하는 것이 여러 모로 혜택이 많은 것은 사실이다.

그런데 유아를 대상으로 수학적 지식에 대한 비형식적 수학을 발달시킬 요량으로 학습을 전개해 갈 때, 그때 중심이 되는 수학은 계산이 아니라 개념이라는 점을 상기하면 논의가 달라질 수 있다.

곱셈은 동량이 몇 번 반복되는가 하는 문제인 반면에, 나눗셈은 임의의 양을 동량으로 묶을 때 몇 번 그런 동량을 만들어 낼 수 있는가 하는 문제이다. 그런데 곱셈의 경우는 처음부터 동량을 고려해야 하는 반면에, 나눗셈의 경우는 나누어 주는 수를 임의로 할 수 있고 결과만 동량이면 된다는 점에서 유아들에게는 보다 쉽게 접근할 수 있다.

서형이가 수 세기를 제법 할 수 있을 무렵에, 나는 '구성주의 수학교실: 나눗셈(김진호·홍은숙·황혜진, 경문사, 2007)'에 소개되어 있는 '초인종이 울렸어'라는 수업자료를 유아화해서 서형이와 함께 활동을 한 적이 있다. 서형이가 수학을 즐기게 된 계기 중의 하나를 꼽으라면 이 활동을 한 것이 계기가 되었다고 해도 과언은 아닌 듯싶다. '초인종이 울렸어'라는 활동은 '초인종이 울렸어'라는 동화책을 바탕으로 한다. 이 동화책의 내용은 다음과 같다. 한 어머니가

12개의 과자를 구웠다. 그래서 두 어린이가 충분히 나누어 먹을 수 있을 만큼의 과자가 있었다. 하지만, 그러고 나서 두 명의 친구가 찾아왔고 과자를 나누어 먹자고 하게 되었다. 초인종이 두 번 더 울렸고, 또 다른 친구가 방문하게 되어 과자를 나누어 먹게 되었다. 12개의 과자가 있고 12명의 어린이들이 있게 되었을 때, 초인종이 다시 울리고, 어린이들은 과자가 수북이 담긴 바구니를 갖고 들어오는 할머니를 보면서 안도하게 된다. '구성주의 수학교실: 나눗셈'을 보면 보다 상세한 활동이 나와 있으니 참고하기 바란다.

　나는 서형이에게 이 이야기를 토대로 서형이의 일상생활에 맞추어 이야기를 재구성하였고, 색 타일을 이용하면서 이 활동을 전개해 갔다.

> 나: 엄마가 서형이하고 아빠 먹으라고 과자를 열두 개 구웠어. 엄마가 과자를 몇 개 구웠다고?
> 서형: 열두 개.
> 나: 색타일 열두 개 꺼내 봐.
> 서형: (하나, 둘, 셋, … 하면서 색타일 열두 개를 꺼낸다.)
> 나: 서형이하고 아빠하고, 그리고 과자가 열두 개 있지. 우리 똑같이 나누어 먹자(서형이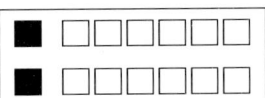

가 이 놀이를 처음 할 때는 열두 개의 과자를 아빠 하나 자기 하나 하면서 과자를 놓았다. 그림 참고). (배열을 다 하고 난 후) 그런데, 서형이하고 아빠가 과자를 먹으려고 하는데 초인종이 '띵동땡동' 하면서 울렸어(이때 내가 엄지손가락으로 초인종을 누르는 흉내를 내었다).

서형: (그랬더니, 서형이도 자신의 엄지손가락을 치켜 올리면 자신의 엄지손가락을 내 엄지손가락에 갖다 대면서, '띵똥땡동' 하면서 자지러지게 웃어댄다.)

나: 친구가 두 명이 왔네. 서준이, 다빈이, 어서와. 서형이가 과자를 먹으려고 하는데 같이 먹자. 서형아, 다시 과자를 네 사람에게 똑같이 나누어 주자.

서형: (이것이 서형이가 나눗셈을 처음 시 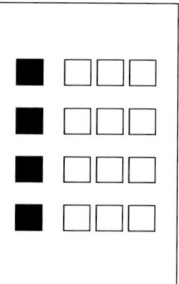 도한 것이다. 서형이의 경우, 열두 개의 과자를 다시 다 모으고, 서준이 와 다빈이를 표시하기 위해 색타일 통에서 색타일을 두 개 더 꺼냈다. 그리고 나서, 12개의 과자를 한 사람 에게 하나씩 나누어 주는 방식으로 나누어 주었다. 서형이가 오른쪽 그 림과 같이 과자를 나누어 준 후)

나: 친구들하고 과자를 나누어 먹으려고 하는데 초인종이 또 '띵동땡동' 하고 울렸어요.

서형: (서형이는 이번에도 엄지손가락을 치켜 올리면 자신의 엄지손가락을 내 엄지손가락에 갖다 대면서, '띵똥땡동' 하면서 자지러지게 웃어댄다.)

나: 이번에는 서준이 엄마, 다빈이 엄마가 왔네. 안녕하세요. 잘 지냈어요. 예, 반갑습니다. 서형이가 친구들하고 과자를 먹으려고 하고 있었는데 같이 나누어 먹을까요? 서형아, 두 사람이 더 왔으니까 과자를 다시 똑같이 나누어 먹도 록 하자. 다시 나누자.

서형: (이번에도 역시 서형이는 각자에게 나누어 주었던 열두

개의 과자를 모두 다시 모으고, 색타일 통에서 두 개의 색타일을 더 꺼내어 새로운 두 사람을 표시한 후, 한 사람에게 하나씩 과자를 나누어 주었다. 오른쪽 그림 참고.)

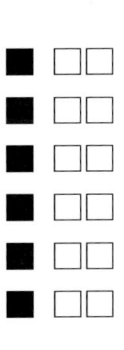

나: 그런데, 친구들하고 과자를 나누어 먹으려고 하는데 초인종이 또 '띵동땡동' 하고 울렸어요(이때도 서형이는 엄지손가락을 치켜 올리면 나의 엄지손가락에 갖다 대었다. 이것은 나하고의 서형이하고 처음 '초인종이 울렸어.' 활동을 하면서 한 대화 내용이다. 이 나눗셈 활동을 두 번째 할 때부터 서형이는 초인종이 울릴 시점에서는 자신이 먼저 '초인종이 또 울렸어요.' 하면서 자신의 엄지손가락과 나의 엄지손가락을 맞대려고 하였다. 서형이는 아마도 이 행동이 좋아서인지 이후로 지속적으로 '띵동땡동' 하자고 하였다).

나: 이번에는 서준이 아빠, 다빈이 아빠, 다정이, 우성이, 세린이, 병롱이가 왔어요. 모두 여섯 명이나 더 왔어요. (앞서서 만들어 놓은 모양을 보면서) 이제는 한 사람이 두 개씩 밖에 없지만, 사람들이 더 왔으니까 그래도 다시 똑같이 나누어 먹도록 합시다. 자 친구들에게 똑같이 나누어 주어 보세요.

서형: (이번에도 역시 열두 개의 과자를 모두 모으고, 나와 함께 더 온 사람들의 이름을 확인하면서 더 온 사람들에 맞추어 색 타일을 하나씩 놓는다. 그러고 나서, 열두 개의 과자들을 열두 명의 사람들에게 하나씩 나누어 준다.

나는 서형이와 이 활동을 하면서 처음에는 '똑같이 나누기'를 할 수 있는지를 관찰하였고,

서형이는 이를 할 수 있었다. 이후에는 이 활동을 하면서 서형이와 나의 활동은 더욱 정교해졌다. 이 활동을 반복하면서, 우리가 다룬 나눗셈과 관련된 수학적 지식의 깊이는 점점 더 깊어갔다. 각각의 나눔에서 한 사람이 몇 개씩 갖게 되는지를 확인하였고, 초인종이 울리기 전과 초인종이 울린 후에 각 사람이 갖는 것에 차이가 있음을 확인하였고, 후에는 전체량인 12와 묶음의 수인 사람의 수(예를 들어, 다섯 명인 경우)를 달리해서 나누어떨어지지 않는 경우에 대해서도 이 활동을 하였다. 물론 이 경우, 이 나머지에 대해서는 어떻게 할 것인지, 즉 누가 먹을 것인지에 대해서도 이야기를 주고받았다.

앞서의 다른 수학 내용과 마찬가지로, 이 활동을 하는 동안에 이 활동에 잠재해 있는 수학식, 즉 $12 \div 2$, $12 \div 4$, $12 \div 6$, $12 \div 12$, $12 \div 5$와 같은 나눗셈 식을 탐구할 필요는 없다. 자녀가 전체량이 있고, 이 전체량을 일단의 묶음(이 경우에, 사람의 수)으로 나누었을 때 한 묶음에는 몇 개(이 경우에, 한 사람이 먹게 되는 과자의 수)가 있는지를 확인할 수 있으면 된다. 물론, 나눗셈을 할 때, 전체량이 있고 이 전체량을 동량의 묶음을 만들 때 몇 묶음을 만들 수 있는지를 묻는 나눗셈이 있다. 예를 들어, "아이스크림이 열두 개가 있는데 이것을 두 개씩 나누어 줄 때 몇 사람에게 나누어 줄 수 있을까?"와 같은 질문은 앞서의 '띵똥땡똥' 활동에 잠재해 있는 나눗셈과는 다른 나눗셈이다. 이를 극명하게 대비시키기 위해서, 아이스크림의 예로 설명하면 다음과 같다.

아이스크림이 12개 있는데 이것을 2개씩 나누어 줄 때, 몇 사람에게 나누어 줄 수 있을까?	아이스크림이 12개 있는데 이것을 2사람에게 나누어 주려고 한다. 각 사람은 몇 개를 먹을 수 있을까?

  왼쪽의 상황은 "전체량과 한 묶음의 크기를 알 때, 묶음의 수를 알아내야 하는 상황"이고 오른쪽 상황은 "전체량과 묶음의 수를 알 때, 한 묶음의 크기를 알아내야 하는 상황"이다. 어린 자녀에게 이런 각기 다른 상황을 발생시켜서 나눗셈과 관련된 사고 단위들에 대해서 생각할 수 있는 기회를 제공해 준다.

‘초인종이 울렸어’라는 동화를 바탕으로 하는 나눗셈은 전체량을 고정시키고 묶음의 수(사람의 수)를 달리해서 그 묶음의 크기(한 사람이 갖게 되는 과자의 수)를 구하는 나눗셈이다. 앞서 소개한 ‘고양이 탐의 맛있는 나눗셈’은 전체량이 변하고 묶음의 수는 변하지 않는 가운데 각 묶음의 크기를 구하는 나눗셈이다. 이 책의 내용을 매우 간략하게 소개하면 다음과 같다. 음식만들기를 좋아하는 고양이 탐이 열두 개의 쿠키를 만들고 친구 두 명을 초대한다. 그리고 접시 세 개에 과자를 네 개씩 올려놓는다. 그런데 친구들과 한 약속시간이 되기 전에 허기를 느낀 탐은 자신의 접시에 있는 쿠키를 모두 먹는다. 그러고 나서는 남은 여덟 개의 쿠키를 가지고 세 개의 접시에 똑같이 나누어 담으려고 한다. ‘초인종이 울렸어’와 마찬가지로, 이 ‘고양이 탐의 맛있는 나눗셈’도 전체량의 크기에 변화를 주면서 다양한 나눗셈 상황을 설정할 수 있다. 자녀와 함께 이런 상황에서 과감하게 나머지를 어떻게 처리할 것인지에 대해서도 함께 고민을 한다. 서형이의 경우, 위의 상황에서 탐과 그의 두 친구에게 각각 두 개씩의 쿠키를 나누어 주고 남은 두 개의 쿠키를 다음 그림과 같이 나누었다.

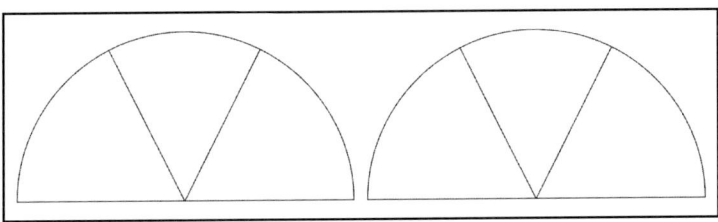

이런 접근은 매우 흥미롭다. 왜냐하면, 두 개의 1/2 조각 각각을 다시 1/3 조각으로 만들었기 때문이다. 이런 사고는 고대 이집트인들이 임의의 분수를 단위분수들의 합으로 표현한 방법과 동일한 것이다. 자녀가 자신만의 아이디어를 가지고 문제를 해결하도록 하는 것이 필요하며, 자녀의 그림을 부모의 시각으로 해석하기보다는 자녀에게 그 그림에 대한 자신만의 아이디어가 무엇이었는지를 말할 기회를 주는 것이 필요하다.

한편, 유아들이 곱셈과 관련해서 취학 전 시기에 경험해야 하는 것에 대해서는 이미 많은 부분 언급을 하였다. 그럼에도 서형이와 함께 한 곱셈과 관련된 몇 가지 상황 및 활동들을 안내하고자 한다. 이런 안내가 독자의 자녀와의 학습에 도움이 되기를 바란다. 먼저, 곱셈과 관련된 몇 가지 상황에 대해서 살펴보도록 한다. 곱셈과 관련해서 고려해야 하는 첫 번째 개념은 '동량'과 그 양의 '반복 횟수'이다. 그런데, 이 '동량'을 언급할 때 우리가 흔히 저지르는 실수가 있는데, 그것은 바로 '2개씩', '3개씩', 등을 먼저 생각한다는 것이다. 이것보다 더 작은 '동량' 단위는 '1개씩'이다. 그럼에도 아이들이 수 세기를 할 때 '하나, 둘, 셋, …'처럼 하나씩 증가하는 수 세기를 경험하기 때문에, 아이들이 암묵적으로 이 '1개씩'을 묶음으로 사고하는 경험을 했을 것이라고 하는 착각을 불러일으키는 것 같다. **이 둘 즉 수 세기를 통해서 낱개의 사물이 몇 개 있는지를 알아보는 것과 '1개씩' 몇 번 있는지를 통해서 몇 개의 사물이 있는지를 알아보는 것은 확연히 구별되는 서로 다른 사고이다.** 서형이가 내게 자주 하는 질문이 이를 잘 설명해 주고 있다.

서형: 아빠, 나비, 나비는 뭐야?
나: 나비 둘.
서형: 나비, 나비, 나비, 나비는 뭐야?

나: 나비 넷.

서형이와 나 사이의 이 대화에서 분명히 네 마리의 나비가 있음을 확인하는 데 작용한 인지 작용은 '나비 한 마리'를 단위로 이런 기본 단위(동량)가 네 번 있음을 인지하는 것이다. 따라서 자녀와 함께 할 때는 동량이 얼마이고 이 동량이 몇 번 반복되고 있는지에 대해서 초점을 맞추고, 자신만의 방법으로 그 결과를 계산할 수 있도록 시간적 여유를 준다.

자녀와 함께 쉽게 접근할 수 있는 동량의 반복은 신체의 일부로부터 곱셈을 경험할 수 있는 다양한 상황을 찾을 수 있다. 예를 들어, 열 사람이 있을 때 한 사람은 손이 두 개씩, 코는 하나씩, 발은 두 개씩, 머리는 하나씩, 한 손의 손가락은 5개씩 등으로부터 동량과 반복에 대해서 생각해 볼 수 있다. 또한, 생활주변 및 일상생활 속에서도 다양한 동량에 대한 예를 찾아볼 수 있다. 예를 들면, 세발자전거의 바퀴 수, 신호등의 수, 한 경기에 뛰는 한 팀의 농구선수의 수, 배구선수의 수, 야구선수의 수, 축구선수의 수 등, 자동차 바퀴 수, 하루의 시간 수, 일 년의 달 수 등 다양하다.

그러면 뛰어 세기와 곱셈의 차이에 대해서 잠시 언급하도록 하자. 예를 들어, 앞서서 5씩 뛰어 세기에 대해서 진술한 바 있는데, 이 5씩 뛰어 세기를 곱셈의 한 종류라고 하지 않는 이유는, 5씩 뛰어 세기에서는 동량에는 관심을 두지만, 반복횟수에는 관심을 두지 않기 때문이다. 따라서 다섯 사람의 손가락의 총수를 셀 때, 한 손에는 다섯 개의 손가락이 있고, 그런 손이 열 개 있음을 확인하고 다섯 개씩 열 번을 계산하는 것이 곱셈인 것이다. 이제 서형이와 한 곱셈 활동의 한 예를 들어 보기로 한다.

나: 서형아, 한 사람은 눈이 몇 개 있어?
서형: 두 개.
나: 두 사람이 있으면?
서형: 네 개.
나: 어떻게 알았어.
서형: 한 사람이 두 개지. 아빠가 두 사람이라고 했으니까, 두
      개 두 개. 네 개지.
나: 세 사람이 있으면?
서형: 여섯 개.
나: 어떻게 알았어?

이 예에서 볼 수 있듯이, 동량과 반복이 암묵적으로 또는 명시적으로 자녀가 인지할 수 있도록 하는 것이 중요하다. 또한, 앞서 '뛰어 세기'를 설명하면서 보인 예에서 서형이가 이 "어떻게 알았어?"라는 질문에 대해서 대답을 한 것처럼 같은 대상에 대해서도 동량을 달리 인식할 수 있다(156쪽 참고). 따라서 이 질문은 늘 하는 것이 좋다.

나/가/면/서

부모가 되어서 자녀가 육체적으로 정신적으로 건강하게 자라나는 과정을 지켜보는 것보다 더 큰 즐거움은 없을 것이다. 아마도 이 즐거움은 부모 자신이 성취한 출세, 명예, 권위가 가져다줄 수 있는 즐거움과는 차원이 다를 것이다. 이 즐거움을 희생하면서까지 도전할 만한 대상이 그 어떤 것이 있을까 의심스럽다. 나와 나의 아내는 서형이가 우리에게 주는 이 즐거움을 한껏 즐기며 살고 있다. 이 책에 소개한 방법이 이 즐거움에 도달할 수 있는 유일한 방법은 물론 아니다. 독자 나름대로 방법이 마련되어 있기를 희망할 뿐만 아니라, 이 책에 소개한 나의 접근들이 독자들이 독자들만의 방법을 찾아가는 데 밑거름이 되었으면 하는 작은 희망을 가져 볼 뿐이다.

그 방법이 무엇이 되었든 자녀가 '앎의 기쁨', '지적 희열'을 맛보면서 수학, 과학, 국어 등을 이해해 가면 될 것이다. 이런 희열은 높은 성적을 받아서 느끼는 기쁨과는 차원이 다른 것이다. 이 책에서 소개한 학습 과정들은 바로 이런 지적 희열을 자녀가 느끼면서 학습 경험을 할 수 있음을 보여준다. 즉, 앎의 주체가 학습자가 되는 학습 경험을 한 학습자들만이 이런 희열을 느낄 수 있다. 그런 점에서, 독자가 활용하는 방법으로 인해서 자녀가 새로운 학습 대상을 이해해 가는 과정에서 '앎의 기쁨'을 맛보고 있는지 점검해 볼 필요가 있다. 혹시라도 자녀가 '앎의 기쁨'보다는 '앎의 회피' 현상을 보이면, 독자의 접근에 대해서 제고해 보기 바란다. 지금까지 고수해 오던 자신의 방법을 버리고 다른 방법을 채택하는 것은 물론 쉽지 않다. 하지만 자녀가 이런 현상을 보임에도 불구하고 자신의 방법을 고집할 수밖에 없는 이유를 굳이 들자면, 그것은 현재 자녀가 이런 현상을 보일지언정 이것이 밑바탕이 되어서 장차 자녀가 '앎의 기쁨'을 즐길 수 있을 것이라는 확신이 있기 때문일 것이다. 그런 확신이 있는지 자신의 방법에 대해서 반성하는 시간을 늘 갖고, 늘 자녀의 발달에 맞추어 자신의 방법을 수정해 가는 태도를 취하는 것이 바람직할 것이다.

이 책에서 소개한 수학 지식들이 취학 전 자녀가 학습해야 할 모든 수학 지식들을 망라하고 있지는 않는다. 쉽게 생각해 볼 수 있는 것으로, 이 책에서 다룬 대부분의 수학 지식이 '수와 연산' 영역에 속함에도, 어린아이들이 처음에 하나에서 열까지의 수 이름을 어떻게 학습해야 하는지, 그리고 그 이후의 수 이름들에 대해서는 어떻게 학습해야 하는지 등에 대해서는 자세하게 언급하지 않고 있다. 또한, '수와 연산' 영역을 제외한 '도형', '측정', '확률과 통계'와 같은 다른 영역들에 속하는 수학 지식들에 대해서는 거의 다루지를 않고 있다. 물론, 어린아이들과 함께 그들의 현재의 경험과 그들의 현재의 지능과 그들의 현재의 이해 정도를 바탕으로 이들 영역에 속하는 수학 지식들을 학습해 갈 수 있다. 이는 독자들에게 맡긴다.

독자들도 자녀와 함께 '앎의 기쁨'을 맛볼 수 있기를 기대한다. 그래서 우리나라의 모든 아이들이 더 나아가 모든 학생들이 수학을 즐기면서 학습하는 그런 날을 꿈꾸어 본다.

김진호

김진호는 서울교육대학교, 한국교원대학교 미국 Columbia University에서 수학교육학 학위(학사, 석사, 박사)를 취득하고 현재는 대구교육대학교 수학교육과 교수로 재직 중이다.

대학교수로 재직하는 6년 반 동안 30편이 넘는 논문을 발표하였고, 저서 및 번역서도 30권 이상 출판하였다. 이 중 가장 최근의 업적은 2012년 7월에 출판되는 『Mathematics Education in Korea』이다. 이 책은 우리나라의 수학교육을 전 세계에 알리기 위해 4명의 에디터가 모여 영어로 집필하였다. 또한, 어린이를 위한 수학교육연구회를 초등학교 선생님들과 함께 운영하면서 우리나라 초등 수학 수업을 개선할 수 있는 방법을 교사들과 함께 탐색하는 작업을 늘 하고 있다.

이 책의 주인공인 예쁜 공주 김서형, 그리고 사랑하는 아내 홍경희와 함께 대구에서 행복한 시간을 보내고 있다.

초판인쇄 | 2012년 9월 28일
초판발행 | 2012년 9월 28일

지 은 이 | 김진호
펴 낸 이 | 채종준
펴 낸 곳 | 한국학술정보㈜
주   소 | 경기도 파주시 문발동 파주출판문화정보산업단지 513-5
전   화 | 031) 908-3181(대표)
팩   스 | 031) 908-3189
홈페이지 | http://ebook.kstudy.com
E - m a i l | 출판사업부 publish@kstudy.com
등   록 | 제일산-115호(2000. 6. 19)

ISBN   978-89-268-3778-8 03370 (Paper Book)
          978-89-268-3779-5 05370 (e-Book)

이담 Books 는 한국학술정보(주)의 지식실용서 브랜드입니다.